Gregory Vlamis: Die heilenden Energien der Bach-Blüten

W0188886

Gregory Vlamis

Die heilenden Energien

der

Bach-Blüten

Aquamarin Verlag

Titel der englischen Originalausgabe:
Gregory Vlamis
FLOWERS TO THE RESCUE

© Thorsons Publ. Group. Denington Estate,
Wellingborough England

Übersetzung aus dem Englischen:
Karl Friedrich Hörner

1. Auflage 1987

© Aquamarin Verlag
   Voglherd 1 · D- 8018 Grafing

ISBN 3-922936-55-5

Herstellung: Jürgen Mayer KG · Haunwang 1 · 8311 Eching

Gesundheit ist da,
wenn vollkommene
Harmonie zwischen Seele,
Gemüt und Körper herrscht.
Dr. Edward Bach

ÜBER DEN VERFASSER

Gregory Vlamis hat im Laufe der Jahre auf dem Gebiet der Bewußtseinsbildung und natürlichen Heilweisen zahlreiche Artikel geschrieben und Fortbildungsseminare organisiert. Als rastloser Arbeiter hat er einen großen Teil seiner Freizeit gemeinnützigen Organisationen gewidmet und ihnen dadurch geholfen, ihre verschiedenen Projekte zu verwirklichen und Ziele zu erreichen.

Um dieses Buch zusammenstellen zu können, verbrachte Gregory Vlamis zwei Jahre in Großbritannien. Er interviewte Menschen, die Dr. Edward Bach gekannt hatten, und spürte seltene Brief-Dokumente und anderes biographisches Material auf, das bisher weder der Allgemeinheit zugänglich noch veröffentlicht war.

WIDMUNG

Für alle jene, die leiden und in seelischer Not sind; für Dr. Edward Bach und seinen Geist; für das Bach Centre und seine Weiterführung des guten Werkes; für meine Tochter, Roxanne Vlamis; für meinen Vater, Constantine Vlamis, und ganz besonders für meine Mutter, Roxanne Vlamis Santos – für ihr großes Interesse und alle Unterstützung.

AN DEN LESER

Weder der Verfasser noch die Verleger dieses Buches stellen mit dieser Veröffentlichung irgendwelche Behauptungen auf bezüglich der medizinischen Wirksamkeit des "Notfallmittels" der Bach-Blütentherapie. Die hier zusammengefaßten Beiträge sind Ergebnis einer Untersuchung, die der Verfasser in den Vereinigten Staaten und in Großbritannien durchführte.

Der Verfasser ist weder ein Arzt noch in Lage, irgendwelche Fragen bezüglich des Gebrauchs und der Verwendung des "Notfallmittels" zu beantworten. Falls Ihnen jedoch weitere Informationsquellen bekannt sind oder Sie selbst das Notfallmittel bereits eingesetzt haben und Ihre Erfahrungen mitzuteilen wünschen – die in künftige Ausgaben dieses Buches aufgenommen werden könnten –, dann setzen Sie sich mit Gregory Vlamis, P.O.Box A3237, Chicago, Illinois 60690, USA, in Verbindung.

"Gregory Vlamis hat einen guten Beitrag zum Verständnis der Bach-Blütentherapie geleistet, der unser Bewußtsein um diese wunderbare Heilmethode stark fördern wird. Sein Bericht über ihre Entwicklung durch Edward Bach, ergänzt durch die sehr praktischen Schilderungen ihrer Anwendung, bildet eine wertvolle Abhandlung, für die wir dankbar sind." – *Maesimund Panos, MD, DHt *), ehm. Präsident des National Center for Homeopathy in Washington, D.C.; Co-Autor des Werkes "Homeopathic Medicine at Home"*

"Ich bin froh, daß Gregory Vlamis sich die Mühe gemacht hat, all diese Berichte über die Bach-Blütenmittel zusammenzutragen. Die medizinische Erforschung dieser Therapie ist schon lange überfällig gewesen." – *Alec Forbes, MA, DM, FRCP, ehm. Mitglied der Experten-Beraterkommission für traditionelle Medizin bei der Weltgesundheitsorganisation, medizinischer Direktor des Bristol Cancer Help Centre und Verfasser des Buches: "The Bristol Diet: a Get Well and Stay Well Eating Plan"*

"Ein hervorragendes Nachschlagewerk, Quellen- und Lehrmaterial für alle, die an den Bach-Blütenmitteln interessiert sind, insbesondere für jene, die sich über Dr. Bachs Spezialität, das "Notfallmittel", informieren wollen. Gregory Vlamis' Verdienst ist es, zahlreiche Fallstudien zum derzeitigen Einsatz des "Notfallmittels" zusammenzutragen, von denen viele von führenden Ärzten ihres Gebietes stammen. Die zusätzliche Aufnahme von

---

*) Die Bedeutung der häufigsten Abkürzungen hinter Eigennamen ist der Liste auf S. 61-63 zu entnehmen (Anm.d.Ü.).

zwei längst vergriffenen philosophischen Werken von Dr. Edward Bach macht dieses Buch zur Pflichtlektüre für alle, die an der ganzheitlichen Behandlung und Heilung interessiert sind." – *Leslie J. Kaslof, Autor von "Wholistic Dimensions in Healing" und Präsident der Dr. Edward Bach Healing Society, North America.*

"... eine wertvolle Darstellung von Verbreitung und Erfolg des Werkes von Dr. Bach in den 50 Jahren seit seinem Tode. Ein gut aufgebautes Buch voll eindrucksvoller Ergebnisse gründlicher Forschungsarbeit." – *Julian Barnard, Autor von "A Guide to the Bach Flower Remedies"*

„Dieses Werk zeigt uns die eindrucksvolle Bandbreite der Erfahrungen von Behandlern und Patienten, die die Bach-Blütenheilmittel eingesetzt haben. Es bringt überzeugende Aussagen über den Wert dieser Blüten-Mittel und ruft uns alle auf, diese bei den mannigfachen Nöten und Kümmernissen des modernen Lebens einzusetzen." – *Dana Ullman, MPH, Co-Autorin von "Everybody's Guide to Homeopathic Medicines" und Direktorin der Homeopathic Educational Services, in Berkeley, Kalifornien*

„Dieses Buch wird für viele Tierärzte sehr interessant sein. Die eindrucksvollen Berichte über die Wirksamkeit des Notfallmittels bei Tieren sind besonders faszinierend." – *Richard H. Pitcairn, DVM, PhD, Autor von „Dr. Pitcairn's Complete Guide to Natural Health für Dogs and Cats"*

INHALTSVERZEICHNIS

Danksagungen 15
Geleitwort 17
Vorwort (von Dr. Charles K. Elliott) 20
Einführung (von Dr. J. Herbert Fill) 23

TEIL I 25
Dr. Edward Bach, der Pionier 26
Bachs Lehre
von Gesundheit und Krankheit 35
Die achtunddreißig Bach-Blüten 41

TEIL II 51
Rescue – Die Notfall-Medizin
Dr. Edward Bachs 52
Rescue in der Praxis – Berichte von
Behandlern und privaten Verbrauchern 58
Stellungnahmen
aus der therapeutischen Praxis 59
Notfälle 84
    Aus der therapeutischen Praxis 84
    Erfahrungen privater Verwender 87
Emotionale und psychische Belastungen 100
    Aus der therapeutischen Praxis 100
    Erfahrungen privater Verwender 104
Schwangerschaft und Entbindung 115
    Aus der therapeutischen Praxis 116
    Erfahrungen privater Verwender 120
Akut und chronisch 130
    Aus der therapeutischen Praxis 130

Erfahrungen privater Verwender 132
Tiere 137
Aus der therapeutischen Praxis 138
Fälle aus der tiermedizinischen Praxis 146
Erfahrungen privater Verwender 150
Pflanzen 164
Schlußfolgerungen 168

Anhang A
IHR LEIDET AN EUCH SELBST 173

Anhang B
BEFREIE DICH SELBST 195

Die echten Bach-Blütenmittel u. Rescue 222
Bibliographie 226
Deutschsprachige Literatur 227
Stichwortverzeichnis 228

Danksagungen

Sehr viele Menschen haben geholfen, dieses Buch zu-sammenzutragen. Besonderen Dank schulde ich:

Nickie Murray und John Ramsell, derzeitige Verwalter des Dr. Edward Bach Centre: für ihre Mitarbeit, allgemeine Unterstützung und die Erlaubnis, die Krankengeschichten aus ihrem Archiv zu studieren, sowie das Recht, Dr. Edward Bachs Werke *Ihr leidet an euch selbst* und *Befreie dich selbst* abzudrucken.

Leslie Kaslof: für seine Weisheit, Beratung, Ermutigung und Pionierarbeit für die Bach-Blütenmittel in Nordamerika.

Ralph Kaslof: für sein hingebungsvolles Wirken.

Mary Hayden, Dr. Bachs Schwester, und Evelyn Varney, seiner Tochter: für ihre Erinnerungen, die sie mir mitteilten.

Dr. Charles K. Elliott: für seine freundlichen Bemerkungen und das Vorwort.

Dr. J. Herbert Fill: für die Einführung.

Andrewjohn und Eleni Clarke: für ihre Gastfreundlichkeit in Großbritannien.

Deborah Mills: für ihre sorgfältige Schreibarbeit.

Zutiefst dankbar bin ich auch den vielen, die meine Briefe beantwortet und die Fragebögen ausgefüllt haben, und den Hunderten von Menschen auf der ganzen Welt, die die Heilungsberichte erst ermöglichten, die mit freundlichen Worten und auf andere Weise zur Vervollständigung dieses Werkes beitrugen.

Folgende Personen, denen ich sehr dankbar bin, haben auf die eine oder andere Weise geholfen: Anne Catherine,

Didier und Georgette Basilios, Mark Blumenthal, Michael Bookbinder, Bruce Borland, Thomas Boyce, Mary Carter, Robert und Sharon Corr, Marsha DeMunnik, Sonny Delmonico, Leonard und Nilda Durancy, Ron Eager, Gloria Early, Marilyn Preston Evans, Professor Norman R. Farnsworth, Marie Firestone, Demos Fotopoulos, Dr. Benjamin G. Girlando, Fred Hahn, Yvonne Hillmann, Judy Howard, Celia Hunting, Jeanne Janssen, Margie Kuyper, Stewart Lawson, Dr. Robert Leichtman, Sanna Longden, Linda Nardi, Robert Krell, Nancy Madsen, Marilyn Marcus, Dick und Rita Marsh, Molly Morgan, Malcolm Murray, Beverly Oldroyd, Ann Parker, Dr. Richard Pitcairn, Katherine Prezas, Victoria Pryor, Melanie Reinhart, Mary Rita, John-Rofer, das Royal Homoeopathic Hospital zu London, Vera Rugg, George Santos, Sue Smith, Mrs. Spalding, Robert Stevens, Serita Stevens, die University College Hospital Medical School in London, Ginny Weissman, Bette, Eileen und Francis Wheeler, Ingrid Williams und Jennifer Wright.

Ein spezielles Dankeschön gilt Bonnie Corso, Elinore Detiger, Faye Waisbrot Honor, Jack Honor, Bobbie Philip und Lisa Sperling.

Am meisten danke ich aber Sharon Steffensen, die mich zu diesem Buch anregte.

Geleitwort

Im Laufe der letzten fünfzig Jahre haben zahlreiche prominente Ärzte, Homöopathen und andere Behandler über die erfolgreiche Anwendung der achtunddreißig Blüten-Heilmittel, die Dr. Edward Bach entdeckte, bei Erwachsenen, Kindern und tierischen Patienten berichtet.

Die aus den Blüten von wildwachsenden Blumen, Sträuchern und Bäumen zubereiteten Bach-Blütenmittel sind nicht zur unmittelbaren Behandlung körperlicher Krankheiten gedacht, sondern tragen dazu bei, die emotionalen und psychischen Spannungen zu harmonisieren, die der körperlichen Krankheit ursächlich zugrunde liegen. Zu diesen Spannungsfaktoren zählen Angst, Einsamkeit, Besorgnis, Überempfindlichkeit, Mutlosigkeit und Unsicherheit. Solche Emotionen können im äußersten Falle – im Laufe der Zeit – die natürliche, körperliche Widerstandsfähigkeit gegen Erkrankungen schwächen. Durch Förderung der Integration emotionaler, psychologischer und physiologischer Aspekte erreichen die Blütenmittel eine lindernde, beruhigende Wirkung, die es dem Organismus erlaubt und ermöglicht, sich selbst zu heilen.

Diese Blütenmittel sind einfach in der Anwendung und darüber hinaus verhältnismäßig günstig im Preis; werden sie richtig ausgewählt, zeigen sie – wie immer wieder berichtet wird – anhaltende Heilerfolge.

Alle achtunddreißig Bach-Blütenmittel sind in den Anhang zur achten Ausgabe der *Homoeopathic Pharmacopeia of the United States* (das offizielle Nachschlagewerk aller homöopathischen Heilmittel in den USA) aufgenommen worden und offiziell als homöopathisches Mittel anerkannt. Dies ist in erster Linie den Bemühungen von Leslie J. Kaslof zu verdanken, der sich als Autor, Forscher und Pionier auf dem Gebiet der ganzheitlichen Gesundheit verdient gemacht hat.

Am weithin bekanntesten von allen Bach-Mitteln ist *Rescue Remedy* ("Notfall-Tropfen", "Notfall-Mittel"), eine Kombination von fünf der achtunddreißig Bach-Blütenmittel. *Rescue Remedy* *) ist ein Erste-Hilfe-Medikament für den Notfall. Es erweist sich in vielen Situationen als äußerst nützlich und wirkt im allgemeinen sehr rasch.

Zum ersten Mal konnte ich die Wirkungsweise des *Rescue Remedy* bei einem Freund beobachten, der den Tod seines Vaters betrauerte. Die Erleichterung seines Leids, die er nach Einnahme der Notfalltropfen spürte, war so beachtlich, daß ich einen geradezu unwiderstehlichen Drang fühlte, mich mit den Entdeckungen von Dr. Bach eingehender zu beschäftigen. Dies führte mich am Ende auf eine viermonatige Reise durch Großbritannien, in deren Verlauf ich auf bislang unveröffentlichte Schriften und Briefe Dr. Bachs stieß, die mir alle von seinen Angehörigen und engen Freunden liebenswürdigerweise zur Verfügung gestellt wurden.

Die gleichbleibenden Erfolgsmeldungen über den Einsatz von *Rescue Remedy,* sowohl bei einfachen wie auch unter kompliziertesten Umständen, haben mich immer wieder beeindruckt. Solche Berichte verlangen nach weiterer Forschung und systematischen Untersuchungen.

---

*) *Rescue* (gesprochen: résskjuh) ist der Handelsname der in der deutschen Literatur sogenannten "Notfalltropfen" oder "Erste-Hilfe-Tropfen" (Anm.d.Ü.).

Auch wenn die Notfalltropfen unter den unterschiedlichsten Umständen gefragt und verwendet werden, sind sie kein Allheilmittel oder Ersatz für die landläufige medizinische Versorgung. Sie werden in Belastungssituationen eingesetzt, um ein emotionales und psychisches Gleichgewicht (wieder-) herzustellen, und in Krisensituationen, um die emotionale und psychische Spannung vor und während der medizinischen Notfall-Versorgung zu lindern. Viele Ärzte, Homöopathen und andere Behandler auf der ganzen Welt tragen *Rescue Remedy* im Notfallkoffer oder ständig bei sich, um es in solchen Fällen zur Hand zu haben.

Die in diesem Buch dargestellten Fallstudien sind authentisch und Ergebnis umfangreicher Forschungsarbeiten und persönlicher Interviews. Sie zeigen jedoch nur einen kleinen Teil des unendlich vielseitigen Spektrums von Möglichkeiten der Notfalltropfen.

Wenn nur wenige Menschen durch die Anwendung von *Rescue Remedy* eine Linderung ihres Leids erfahren können, wird der Zweck dieses Buches erreicht sein.

Gregory Vlamis
Chicago, Illinois
25. Januar 1986

Vorwort

Dr. Edward Bachs (1886-1936) Beitrag zur Medizin – sein System von Heilmitteln, die unter den Namen *Bach Flower Remedies* (Bach-Blütenmittel) bekannt wurden, und die ihm zugrundeliegende Anschauung – führt uns ein Gesundheitsideal vor Augen, das weit mehr und wertvoller ist als bloße Abwesenheit von Krankheitssymptomen. Das wahre Wohlbefinden kommt von innen. Wie schon Hippokrates, Paracelsus und Hahnemann, wußte auch Bach, daß echte Gesundheit davon abhängig ist, daß geistige, mentale und emotionale Faktoren in Harmonie, in Einklang sind.

Auswirkungen von Disharmonie zeigen sich in Gestalt negativer Stimmungen und Gedanken, die jeden von uns von Zeit zu Zeit heimsuchen. Bach verstand, daß diese wiederum den Körper und dessen Zustand beeinträchtigen können, indem sie ihn seiner Kraft und Vitalität berauben, weil sie die Lebenskraft blockieren, die für unser Dasein auf allen Ebenen absolut notwendig ist. Eine wirkliche Heilung, die Wiederherstellung der Harmonie, öffnet die Gefäße, damit diese lebenswichtige Kraft wieder fließen kann.

Dr. Bach war so weise zu bemerken, daß Krankheit letztlich zuträglich und heilsam ist, da sie eine Zeit innerer Reifung, Verfeinerung und Reinigung bildet.

Heal Thyself (deutsch: *Heile dich selbst,* in: Edward Bach, *Blumen, die durch die Seele heilen,* Hugendubel, München 1980), Bachs glänzende Arbeit, die bereits im Jahre 1931 (im Original) bei C.W. Daniel veröffentlicht wurde, sollte Pflichtlektüre für alle sein, die sich mit der

Gesundheit beschäftigen. Bach schreibt dort: "Es gibt einen Faktor, den die Wissenschaft auf ihrer materialistischen Grundlage nicht erklären kann, und das ist, warum manche Menschen einer Krankheit zum Opfer fallen und andere nicht, auch wenn beide die gleichen Möglichkeiten einer Ansteckung bieten. Der Materialismus vergißt, daß es einen Faktor gibt, der höher steht als die körperliche Ebene; er bestimmt, ob ein Mensch im Laufe seines Lebens in bezug auf die Krankheit – ganz gleich, welcher Art sie sei – geschützt ist, oder offen und empfänglich für ihr Eindringen."

Opferbereitschaft, hingebungsvolle und inspirierte Forschung, in Verbindung mit seiner einzigartigen Erfahrung als Arzt, Pathologe, Immunologe und Bakteriologe führten Bach zur Schaffung eines der umfassendsten Behandlungssysteme, das wir kennen, zu einer sanften, einfachen Medizin, die allen offensteht und helfen kann.

Die Bach-Blütenmittel können in Verbindung mit jeder schulmedizinischen oder aus dem Bereich der ergänzenden, alternativen Heilweisen stammenden Therapie verabreicht werden. So wird jede Behandlung durch die Weisheit der Natur bereichert. In der Antike stand die Medizin immer in engster Verbundenheit mit geistiger, mit spiritueller Vision. Dieses Ideal der Antike sehen wir heute im ganzheitlichen Heilsystem von Dr. Edward Bach verkörpert.

Die moderne wissenschaftliche Forschung beweist, daß der Zustand des Denkens und Fühlens eines Menschen Krankheiten – vom Schnupfen bis zum Krebs – positiv oder negativ beeinflussen kann.

Diesem neuen Forschungsbereich, der Psychoneuroimmunologie, wird auf seiten der medizinischen Welt immer mehr Beachtung geschenkt. Der mentale und emotionale Zustand des Patienten wird bei einer vollständigen Behandlung der meisten Krankheiten mehr und mehr ernstgenommen und auch berücksichtigt.

Ich hoffe, daß fortschrittliche Wissenschaftler die mannigfachen Verdienste der Bach-Blütenmittel prüfen. Bachs Sicht der Gesundheit bietet uns inneren Frieden, Harmonie und Hoffnung für die Zukunft.

Charles K. Elliott, MB, BCh,
MFHom, MRCGP, MLCO, AFOM RCP,
London; Leibarzt von
Ihrer Majestät, Königin Elizabeth II.

Einführung

Ich verwende die Bach-Blütenmittel nun seit über zehn Jahren in meiner Praxis und halte sie und die Notfalltropfen, bei korrekter Anwendung, für unersetzlich. Ich verabreiche sie fast ausschließlich anstelle von Tranquilizern und Psychopharmaka, und in vielen Fällen können sie das Leiden des Patienten lindern, wenn alles andere keine Hilfe mehr zu bringen vermochte. Die Bach-Blütenmittel sind unübertroffen hinsichtlich ihrer Fähigkeit, bestimmte Gemütslagen zu erleichtern; sie sind sanft und doch zugleich stark und wirkungsvoll und gleichen die feineren Energiefelder des menschlichen Körpers aus. Auch wenn ihre Wirkungsweise sehr subtil erscheint, handelt es sich bei den Bach-Blütenmitteln doch nicht um Plazebos.

Das *Rescue Remedy* verdient einen besonderen Platz in der Literatur über diese Therapie. Seine Wirksamkeit ist einzigartig, wie der Leser auf den folgenden Seiten feststellen wird. Bis zu dieser Veröffentlichung standen nur wenige Informationen darüber zur Verfügung.
Mit diesem Werk hat Gregory Vlamis eine gut zusammengestellte Monographie geschaffen, die den Behandler ebenso ansprechen wird wie die allgemeine Öffentlichkeit. Der Leser erhält praktische Informationen über die Anwendung des Bachschen Notfallmittels bei allen Krisen des Alltagslebens, bei akuten und chronischen Beschwerden. Dieses Buch läßt sich leicht lesen und bietet eine Fülle von Heilungsberichten, die die erstaunliche Vielseitigkeit eines bemerkenswerten Geschenks der Na-

tur widerspiegeln. Als Psychiater weiß ich die vorbeugenden Qualitäten der Bach-Blütenmittel und der Notfalltropfen besonders zu schätzen, da sie eine sichere und wirkungsvolle Alternative zu Tranquillizern darstellen, ohne deren charakteristische Nebenwirkungen zu besitzen.

Es ist mein aufrichtiger Wunsch, daß alle, besonders meine Kollegen und die Medizinstudenten, auf die Bachschen Notfalltropfen und das Werk Edward Bachs aufmerksam werden, um die Wirksamkeit der Blütenmittel selbst erfahren und die Erkenntnisse eines medizinischen Genies der Moderne bestätigen zu können.

In einer Zeit, da viele Menschen den Glauben und das Vertrauen in die moderne Medizin verlieren, ist es angezeigt, daß wir etwas über diese bewährte Heilmethode erfahren, die von Zubereitungen Gebrauch macht, die wir aus wildwachsenden Pflanzen Englands herstellen können.

Dank der Mühe des Autors erhalten wir eine kostbare Gelegenheit, eine der wertvollsten Ergänzungen der Medizin kennenzulernen. Dieses Buch und die Bachschen Notfalltropfen sollten Eingang finden in die Praxis jedes Behandlers, in jede Hausapotheke, in jede Erste-Hilfe-Ausrüstung eines Kraftfahrzeugs, in jeden Notfallkoffer und in jede Bereitschaftstasche.

J. Herbert Fill, MD, Psychiater;
ehem. Stadtbeauftragter für Psychiatrie in New York;
Verfasser des Buches *The Mental Breakdown of a Nation*

TEIL I

„Jeder von uns ist ein Heiler; denn jedermann besitzt im Herzen eine Liebe für etwas, für unsere Mitmenschen, für Tiere, für die Natur, für Schönheit in irgendeiner Form. Und jeder von uns hat den Wunnsch, sie zu schützen und ihr zu helfen, weiter zu wachsen. Jeder von uns empfindet auch Mitgefühl für solche, die in Not sind, und das ist ganz natürlich, weil wir alle selbst einmal im Laufe des Lebens in Not gewesen sind.

Wir alle sind Heiler, und mit der Liebe und dem Mitgefühl in unserem Wesen können wir jedem helfen, der sich wirklich nach Gesundheit sehnt. Sucht nach dem deutlichen mentalen Konflikt im Patienten, gebt ihm das Mittel, das ihm helfen wird, diesen bestimmten Fehler zu überwinden, und dazu allen Zuspruch und soviel Hoffnung wie ihr ihm vermitteln könnt, und dann wird die ihm innewohnende Selbstheilungskraft ihr Übriges tun.“

Dr. Edward Bach

Dr. Edward Bach, der Pionier

Der Geist von Edward Bach lebt in den saftigen, grünen Landstrichen Englands, in den Bäumen, Sträuchern und Blumen, aus denen er seine Heilmittel zubereitete.

Edward Bach wurde am 24. September 1886 in Moseley in der Nähe von Birmingham als ältestes von drei Kindern geboren.

Schon von Kindheit an zeigte er eine eigenständige Denk- und Sichtweise und einen starken Sinn für Humor, der ihm durch manche Drangsal hindurchhalf. Als Kind war er sehr nachdenklich und streifte häufig allein über die Wiesen; von Zeit zu Zeit setzte er sich hin und war ganz in die Betrachtung all der Schönheit der ihn umgebenden Natur vertieft. Als er größer wurde, entwickelte sich seine Liebe zu Natur und Leben zu einem starken Mitgefühl für alle Lebewesen, besonders für jene, die Schmerzen oder Not litten. Sein überwältigendes Verlangen, den Leidenden zu helfen, ließ ihn schließlich Arzt werden.

Schon bevor er das Studium der Medizin begann, beobachtete Bach, daß die herkömmliche medizinische Behandlung häufig eher die Beschwerden verdeckte als die Krankheit heilte. Er gelangte zu der Überzeugung, daß es eine einfachere Heilmethode geben mußte, und zwar eine, die man bei allen Arten von Erkrankungen anwenden konnte, auch bei jenen, die man gemeinhin als chronisch oder unheilbar betrachtete. Er beschloß, solche lange in Vergessenheit geratenen Grundwahrheiten der heilenden Künste ausfindig zu machen.

Um dies zu bewerkstelligen, ließ er sich medizinisch

ausbilden. Im Jahre 1912 erhielt er das gemeinsame Diplom eines MRCS und LRCP, und 1913 bekam er seine MB- und BS-Abschlüsse *) an der University College Hospital Medical School in London. 1914 empfing er das *Diploma of Public Health* von Cambridge.

Obwohl an manchen Stellen von 'batch' (gesprochen: bätsch) die Rede ist, nannten seine Familie, enge Freunde und nahestehende Kollegen ihn 'bache' (gesprochen: bäidsch), was soviel bedeutet wie Kleiner, Lieber. Heute jedoch sprechen die meisten Menschen – in Unkenntnis dieser besonderen Aussprache – den Namen Edward Bachs allgemein wie jenen des deutschen Komponisten Bach aus.

In den ersten Jahren seiner Praxis entwickelte Bach sich zu einem angesehenen Pathologen, Immunologen und Bakteriologen. Doch er war nie mit den Ergebnissen der herkömmlichen Behandlungsweisen in der Medizin zufrieden. Bach beobachtete, daß es wohl möglich war, mit Hilfe von Pillen, Spritzen und Skalpell bestimmte Symptome zu lindern, daß man aber wenig erreichte, um die langwierigen und chronischen Krankheiten zu bekämpfen. Bach beschloß, eine Behandlungsweise zu entdecken und zu entwickeln, die zur Linderung chronischer Erkrankungen geeignet war. Im Jahre 1915 nahm er eine Stellung als bakteriologischer Assistent am University College Hospital an. Dort stieß er auf bestimmte Gruppen von Darmbakterien und deren Zusammenhänge mit der Ursache für chronische Störungen. Er

---

*) Die Bedeutung der Abkürzungen ist der Liste auf Seite 61-63 zu entnehmen (Anm.d.Ü.).

begann, aus diesen Darmbakterien Impfstoffe herzustellen. Die Ergebnisse seiner Forschungen übertrafen alle Erwartungen.

Beschwerden wie Arthritis und schwere Kopfschmerzen konnten gelindert werden, und die Patienten berichteten über bemerkenswerte Besserungen ihres allgemeinen Gesundheitszustandes.

Erfreut über diese Ergebnisse, wenn auch nicht über die Nebenwirkungen der Impfungen, suchte Bach weiter nach einer Behandlungsmethode, die sanfter, aber nicht weniger wirkungsvoll war.

Nachdem er 1919 eine Stellung am Königlichen Homöopathischen Krankenhaus in London angenommen hatte, entdeckte er die Werke von Dr. Samuel Hahnemann, dem Begründer der Homöopathie *). Bach stellte fest, daß viele Aspekte der Hahnemannschen Lehre seiner eigenen ähnlich waren. Diese Übereinstimmung bestand bereits in den gleichen Grundsätzen, die ihn seit Anbeginn seiner medizinischen Laufbahn bewegten. Hahnemanns Forderung:„Behandle den Menschen, und nicht die Krankheit!" sollte zur Grundlage in Edward Bachs System und Lehre der Heilung werden, einer Behandlungsweise, die er erst viele Jahre später entdeckte.

Bach ging daran, seine bakteriellen Impfstoffe homöopathisch aufzubereiten und oral zu verabreichen. Diese

---

*) Ein therapeutisches System, das in Theorie und Praxis darauf baut, daß Krankheit geheilt wird durch Heilmittel, die bei einem gesunden Menschen Wirkungen erzeugen, die den Krankheitssymptomen des Patienten gleichen. Die homöopathischen Mittel werden in der Regel in winzigen bis unendlich kleinen Dosierungen verabreicht, wodurch man die Möglichkeit toxischer Nebenwirkungen, die so häufig mit der Einnahme allopathischer Arzneimittel verbunden sind, auf ein Minimum reduziert.

Vakzine – man nennt sie Nosoden – schienen all seine Erwartungen zu erfüllen. Hunderte chronischer Fälle wurden behandelt, und die Erfolge waren hervorragend.

Die Nosoden wurden von der medizinischen Fachwelt begeistert aufgenommen und weit verbreitet; sie werden noch heute von homöopathisch arbeitenden Behandlern in England, Amerika und Deutschland eingesetzt. Bachs Abhandlungen über vom Zustand des Darmes herrührende Blutvergiftungen erschienen im Jahresbericht der *Royal Society of Medicine* 1919–1920 *), und 1920/21 kamen weitere Arbeiten im *British Homoeopathic Journal* heraus **). Im Laufe seiner Karriere veröffentlichte Bach noch zahlreiche weitere eigene Abhandlungen und Artikel in den verschiedenen medizinischen und homöopathischen Fachzeitschriften. Besonders begrüßt wurde sein Buch *Chronic Disease: A Working Hypothesis* (Chronische Krankheit – eine Arbeitshypothese), erschienen in London 1925, und verfaßt in Zusammenarbeit mit Dr. C.W. Wheeler, seinem hochgeschätzten homöopathischen Kollegen.

---

*)"The Nature of Serum Antitrypsin and Its Relation to Autolysis and the Formation of Toxins" (Das Wesen des Serum-Antitrypsins und dessen Beziehung zur Autolyse und Bildung von Toxinen) und "The Relation of the Autotryptic Titre of Blood to Bacteria Infection and Anaphylaxis" (Die Beziehung des autotryptischen Blut-Titers zur bakteriellen Infektion und Anaphylaxe) von F. H. Teale und E. Bach, in *Proceedings of the Royal Society of Medicine* (13) vom 2. Dezember 1919, S. 5 bzw. 43

**) "The Relation of Vaccine Therapy to Homoeopathy" (Die Beziehung zwischen Vakzine-Therapie und Homöopathie) und "A Clinical Comparison Between the Actions of Vaccines and Homoeopathic Remedies" (Klinischer Vergleich der Wirkungen von Vakzinen und homöopathischen Heilmitteln) in *British Homoeopathic Journal* Nr. 10 vom 2. April 1920, S.6, bzw. Nr. 11 vom 1. Januar 1921, S. 21

Trotz dieser Erfolge war Bach immer noch nicht zufrieden. Er hatte das Gefühl, durch die bloße Behandlung körperlicher Störungen die wirklichen Probleme und Kernpunkte der Gesundheit und die Heilung der Krankheit zu übersehen.

Er gelangte zu dem Schluß, daß Krankheit die Folge einer Disharmonie zwischen dem körperlichen und dem mentalen Zustand eines Menschen ist, der äußere Ausdruck, die körperliche Manifestation negativer Gemütszustände. Bach bemerkte, daß eine tiefe Disharmonie im Leidenden – zum Beispiel Sorgen, Angst und Ungeduld – die Vitalität des Menschen so beeinträchtigten, daß der Körper seine natürliche Widerstandskraft verlor und so verwundbar wurde durch Ansteckungs- und andere Krankheiten. Obschon Bach selbständig zu diesen Schlußfolgerungen gelangte, sind sie schon in früheren Zeiten von so bekannten Männern wie Hippokrates, Maimonides und Paracelsus vorgetragen worden – und haben in jüngster Zeit durch die Forschungen der Ärzte Hans Selye, O. Carl Simonton und vieler anderer Bestätigung erlangt, die auf dem Gebiet der streß-abhängigen Störungen arbeiten.

Aufgrund der Gemütsruhe und Harmonie, des inneren Friedens, die Bach immer erlebte, wenn er sich draußen in der Natur aufhielt, hatte er das Gefühl, daß die Lösung und Heilmöglichkeit krankheitsverursachender Zustände in den Bäumen, Blumen, Kräutern und Sträuchern der freien Natur zu finden sein müßten.

Bach folgte seiner Intuition, was sich bereits bei seinen früheren Experimenten als erfolgreich erwiesen hatte, und reiste im Jahre 1928 nach Wales.

An einem Gebirgsbach sammelte er dort die Blüten des

Drüsentragenden Springkrauts (Impatiens glandulifera; engl. Impatiens) und der *Gefleckten Gauklerblume* (Mimulus guttatus; engl. Mimulus). Später, im gleichen Jahr, entdeckte er die wildwachsende *Gemeine Waldrebe* (Clematis vitalba; engl. Clematis). Zubereitungen aus diesen Blumen wurden in der Folge seinen Patienten verabreicht und bewirkten sofortige und beachtliche Erfolge.

Dr. Edward Bach befand sich zu jener Zeit auf der Höhe seiner ärztlichen Laufbahn. 1930 jedoch folgte er wieder seiner inneren Überzeugung und schloß mutig seine Praxis, verließ sein Haus in London und verbrachte die ihm verbleibenden Lebensjahre auf Reisen durch Wales und Südengland, wo er seine neue Heilmethode vervollkommnete. Hunderte von Meilen legte er auf seiner Suche nach heilwirkenden Pflanzen zu Fuß zurück und entdeckte dabei achtunddreißig Heilmittel, die alle – bis auf eine Ausnahme – aus Teilen blühender Pflanzen hergestellt wurden, die in England wild wachsen.

Während sein Werk Fortschritte machte, entdeckte Bach, daß seine eigenen Sinne immer mehr verfeinert wurden. Bevor er eine neue Heilpflanze finden sollte, spürte er schon tagelang überdeutlich die körperlichen und seelischen Symptome der Krankheit oder des Zustandes, den dieses Heilmittel kurieren würde. Dann ging er hinaus in die Natur und fand die entsprechende, Heilung bewirkende Blume. Er konnte eine Blüte oder auch nur ein Blütenblatt in die Hand nehmen oder auf die Zunge legen, um die Wirkung der Pflanze auf Leib und Seele zu erleben. In umfangreichen Versuchen und Forschungsarbeiten erwiesen sich die neuentdeckten Heilmittel als außerordentlich erfolgreich.

Bach veröffentlichte seine Entdeckungen sofort in den führenden homöopathischen Fachzeitschriften der damaligen Zeit. Seine Absicht war es, die neue Heilmethode nicht nur der medizinischen Welt, sondern auch den Laien zugänglich zu machen. Bach beschrieb seine Methode in preisgünstigen Broschüren; die ersten drei trugen die Titel *Heal Thyself* (deutsch: *Heile dich selbst*, in: Edward Bach, *Blumen, die durch die Seele heilen*, Hugendubel, München 1980) *Free Thyself* (Befreie dich selbst) und *Twelve Healers* (Die zwölf Heiler).

Dr. F.J. Wheeler, ein enger Freund und Kollege Bachs, bestätigte dessen Entdeckungen, nachdem er viele der Blütenmittel in seiner eigenen Praxis mit Erfolg verwendet hatte. Er konnte Bach wertvolle ergänzende Informationen geben und regte ihn an, seine Suche und Forschung weiter zu verfolgen.

Bach behandelte zahlreiche Patienten – besonders während der Wintermonate – mit den neuen Heilmitteln und seinem einzigartigen Diagnosesystem. Er entwickelte eine besondere Liebe zu den Menschen in Cromer (Norfolk, East Anglia), wo er sich niederließ und eine Praxis eröffnete; mit den Fischern und den Küstenrettungs-Leuten fühlte er sich auf besondere Weise verbunden. Was Bach an diesen Menschen am meisten bewunderte, war ihr einfaches Leben; sie standen mit beiden Füßen auf der Erde. Er kümmerte sich nicht um Geld und bekam die Bezahlung für seine ärztlichen Leistungen häufig in Form von Fisch, Eiern oder Gemüse überreicht.

In Cromer, während eines schrecklichen Sturmes, war es, daß Bach zum ersten Mal drei der Blütenmittel, die Bestandteil der Notfalltropfen sind, einsetzte, um einem schiffbrüchigen Opfer des Sturmes zu helfen. Der Mann war bewußtlos, hatte Schaum vor dem Mund und war halb erfroren; es schien keine Hoffnung mehr für ihn zu geben. Wiederholt befeuchtete Dr. Bach die Lippen des Patienten mit den Blütenmitteln, als der bewußtlose Fischer den Strand herauf zu einem benachbarten Haus getragen wurde. Binnen Minuten kam der Schiffbrüchige wieder zu Bewußtsein.

Bach führte seine Arbeit in dieser kleinen Gemeinde fort, bis er 1934 in Sotwell, in der Nähe von Wallingford in der Grafschaft Oxfordshire ein kleines Haus mit dem Namen Mount Vernon ausfindig machte. Hier sollte er die beiden letzten Jahre seines Lebens verbringen.

Bachs Menschlichkeit und seine Genialität zog die Leute an. Festen Glaubens, daß jedermann, der Hilfe brauchte oder für andere Hilfe suchte, die notwendigen Hilfsmittel zur Heilung erhalten sollte, warb er für seine Blütenmittel in den örtlichen Zeitungen. Die Folge war, daß das General Medical Council 1936 drohte, ihm seine Zulassung zu entziehen. In seiner Erwiderung schrieb Dr. Bach: „...Ich betrachte es als die Pflicht und das Vorrecht jedes Arztes, kranke und andere Menschen zu lehren, wie sie sich selbst helfen können... Meine Inserate waren zum Wohle der Öffentlichkeit gedacht, das, wie ich meine, das Ziel der Bemühungen unseres Berufsstandes ist." Das General Medical Council überdachte seine Vorhaltungen noch einmal und zog die Zulassung von Dr. Edward Bach nie zurück. Das Werk dieses Arztes ist bis zum heutigen Tage eine große Quelle der Inspiration für Behandler ebenso wie für die Allgemeinheit überall.

Um weitere Informationen über das Leben Dr. Bachs sei der interessierte Leser auf das Werk *The Medical Discoveries of Edward Bach, Physician* von Nora Weeks (verlegt bei C.W. Daniel, London) verwiesen.

Das Werk wird weitergeführt

Nach dem Tode Dr. Bachs im Jahre 1936 führten Victor Bullen und Nora Weeks sein Werk in Mount Vernon weiter. Nora Weeks, die in ihrer Zeit als Treuhänderin des Bach Centres in Mount Vernon das Buch *The Medical Discoveries of Edward Bach, Physician* (Die medizinischen Entdeckungen des Arztes Edward Bach) schrieb, war – gemeinsam mit Victor Bullen – hauptsächlich verantwortlich für das Wachstum des Werkes bis zu ihrem Tode im Jahre 1978 beziehungsweise 1975.

Anfang der sechziger Jahre schlossen sich Nickie Murray und später auch ihr Bruder, John Ramsell, dem Bach Centre an, und führten nach dem Tode von Nora Weeks und Victor Bullen die Arbeit als Treuhänder des Bach Centres mit der gleichen Liebe und Hingabe wie ihre Vorgänger fort.

Bei ihren Spaziergängen übers Land brachte Bach Victor und Nora die Namen aller wildwachsenden Blumen und Bäume bei und sagte dabei: „Ihr müßt sie an den ersten Keimblättern erkennen, damit ihr sie richtig kennenlernt und euch von Anfang an mit ihnen anfreundet."

Bis zum heutigen Tage werden die Bach-Blütenmittel auf genau die gleiche Weise hergestellt, wie schon Dr. Bach selbst sie zubereitet hatte, und die Blüten dazu werden an den gleichen Stellen gesammelt, wo er sie seinerzeit gefunden hatte. Neben der Herstellung der Bach-Blütenmittel und der Überwachung bevollmächtigter Vertreiber in vielen Teilen der Erde beantwortet das Dr. Edward Bach Centre auch Anfragen aus aller Welt und veröffentlicht das Mitteilungsblatt *The Bach Remedy News Letter.*

Mount Vernon wird immer das Zentrum des Werkes von Dr. Bach sein. Bevor Bach es verließ, hob er noch besonders hervor: „Auch wenn das Werk allezeit weiter wachsen wird, erhaltet euer Leben und das kleine Haus, wie es ist, denn Einfachheit ist das Schlüsselwort dieser Heilweise."

Bachs Lehre von Gesundheit und Krankheit

Viele Jahre lang – seit er auf die Werke Samuel Hahnemanns gestoßen war – hat Bach sich darauf konzentriert, "den Menschen zu behandeln, und nicht die Krankheit". Seine eigene Sicht von Gesundheit und Krankheit bildete einen wichtigen Aspekt bei der Entdeckung und Entwicklung der Blütenmittel.

Bach war tief religiös und glaubte, daß die Menschheit in einem Zustand dauernder Einheit mit Gott geschaffen wurde. Die menschliche Seele – das wahre Selbst – ist am unmittelbarsten mit dem Schöpfer verbunden und führt den Menschen immer zu Höherem. Während der materielle Körper vergänglich ist, bleibt die Seele unvergänglich. Darüber hinaus inspiriert und leitet die Seele die Persönlichkeit, die den menschlichen Geist und Körper als Ganzes umfaßt.

Dr. Bach glaubte auch, daß jeder Mensch eine Aufgabe im Leben hat. Er schrieb:

„...diese göttliche Mission bedeutet nicht Opfer, Rückzug

von der Welt, Abstand von den Freuden und der Schön-
heit in der Natur – im Gegenteil: Sie bedeutet eine um-
fassendere und tiefere Freude an allen Dingen; sie be-
deutet, daß wir die Arbeit, die wir lieben, mit ganzem
Herzen und ganzer Seele tun, sei es im Haushalt oder
auf dem Hof, seien es Malerei, Schauspielerei oder die
Bedienung unserer Mitmenschen in Geschäften oder
Häusern. Diese Arbeit, ganz gleich, welche es sei: wenn
wir sie über alles lieben, ist sie auf Geheiß unserer
Seele."

Wenn wir diese Vorstellung einen Schritt weiterführen,
verstehen wir, wie Bach die Gesundheit als eine vollkommene Harmonie von Seele, Denken und Körper de-
finiert. Krankheit wiederum ist die Folge eines Mangels
an Harmonie zwischen diesen Aspekten.

Wenn wir dem Geheiß unserer Seele nicht folgen, indem wir uns nicht nach der Stimme unserer Intuition
richten, die uns wissen läßt, was "gut" ist, dann entwik-
kelt sich als Frucht unseres Widerstandes Krankheit im
Körper. Solcher Widerstand liegt vor, "wenn wir zulassen, daß andere unsere Bestimmung im Leben stören
und Zweifel, Angst oder Gleichgültigkeit in unser Denken säen". Emotionen wie Angst oder Zorn, aber auch
Grausamkeit und Starrsinn, gelangen an die Oberfläche,
wenn wir uns vom Seelenziel abkehren und damit auch
von der eigentlichen Entwicklungsrichtung unserer Persönlichkeit.

Krankheit ist jedoch in der Sicht Bachs zugleich ein heil-
samer Prozeß, denn sie warnt uns davor, den Bogen unseres falschen Tuns zu überspannen. Wenn die Krankheit sich einmal manifestiert hat, müssen wir unsere ir-
rende Denkweise korrigieren und zurückführen in die

Übereinstimmung mit den inneren Überzeugungen der Seele, wenn wir geheilt werden wollen. Wenn diese Rückbesinnung beginnt, setzt auch die Gesundung des Körpers ein, und beide Vorgänge werden so lange anhalten, bis Denken und Seele sich wieder in Harmonie befinden und der Körper genesen ist.

Somit, stellte Bach fest, ist die Krankheit nicht ein Übel, sondern ein Segen, dessen Zweck "einzig und allein korrektiv", also richtigstellend ist. Der Bereich, in dem uns körperliche Beschwerden plagen, ist ein Spiegel unserer mentalen Schwierigkeiten. Bach schrieb:

„Wenn du unter der Steifheit eines Gelenkes oder Körpergliedes leidest, kannst du gleichwohl gewiß sein, daß Starrheit auch in deinem Denken ist, daß du starr an irgendeiner Vorstellung festhältst...die du nicht unterhalten solltest. Wenn du an Asthma leidest, dann nimmst du auf irgendeine Weise einer anderen Persönlichkeit die Luft weg – oder, aus Mangel an Mut, das Richtige zu tun, erstickst du dich selbst ... der Körper wird die wahre Krankheitsursache, wie zum Beispiel Angst, Unentschlossenheit, Zweifel, widerspiegeln in der Störung seiner Funktionen und Gewebe."

Vollkommene Heilung, sagt Bach, ist von vier Faktoren abhängig:

O dem Erkennen der uns innewohnenden Göttlichkeit, und dem daraus folgenden Wissen, daß wir die Fähigkeit besitzen, allen Schaden zu überwinden.

O dem Wissen, daß Krankheit die Folge von Disharmonie zwischen unserer Persönlichkeit und unserer Seele ist.

O unserem Verlangen und Vermögen, den Fehler zu ent-

decken, der den Konflikt verursacht.
○ der Beseitigung dieses Fehlers durch Entwicklung der ihn ausgleichenden Tugend.

Wieder und wieder hob Bach hervor, daß wir, wenn wir zur Gesundheit zurückfinden wollten, die Veränderung erwarten müssen. Krankheit sei nicht durch direkte Bekämpfung zu besiegen, denn „Dunkelheit wird durch Licht beseitigt, nicht durch größere Dunkelheit". Um die notwendigen Veränderungen in unserer Persönlichkeit herbeizuführen, empfahl er als Hilfe: Wir sollten lernen, unsere Schwächen durch Stärken zu ersetzen, wie zum Beispiel Intoleranz gegen eine annehmende, billigende Haltung auszutauschen.

Bach erkannte natürlich, daß "gewisse Leiden direkt durch stoffliche Einflüsse verursacht sein können, wie die Einwirkung von Giften, Unfällen und Verletzungen, auch grobe Exzesse; insgesamt und allgemein aber ist Krankheit die Folge eines grundlegenden Irrtums innerhalb unseres Wesens – das heißt eines Konfliktes zwischen Persönlichkeit und Seele... So lange haben wir die Schuld den Krankheitskeimen vorgeworfen, dem Wetter und der Nahrung, die wir zu uns nehmen. Aber viele unter uns bleiben in einer Grippe-Epidemie immun; viele lieben es, bei kaltem Wind im Freien zu gehen, und viele können noch spät in der Nacht Käse essen und schwarzen Kaffee trinken, ohne irgendwelche unangenehmen Folgen zu erleben. Nichts in der Natur kann uns schaden, wenn wir glücklich und in Harmonie sind."

Mit der Ansicht, daß körperliche Erkrankung die Folge negativer Zustände oder Haltungen im Mentalen und Emotionalen seien, stellte sich Bach gegen jene Richtungen und Bestrebungen in der modernen Medizin, die ihre Anstrengungen nur auf die Heilung des Körperlichen konzentrierten. Er hatte das Gefühl, daß die medizinischen Drogen in vielen Fällen eher schädlich seien, weil die momentane Erleichterung, die sie bewirkten, häufig eine völlige Rückkehr zur Gesundheit vortäuschten, während die negativen Denk- und Gefühlsmuster nach wie vor unbeeinflußt weiterhin bestehen. Die wahre Heilung würde nur aufgeschoben, und die Folge seien ernstere Krankheiten in späterer Zeit.

Als Bach seine Blütenmittel entwickelte, hatte er das Ziel, eine Heilung auf viel höherer Ebene als nur der körperlichen, äußerlichen zu bewirken. Über seine Blütenmittel schrieb Bach einmal:

„Sie vermögen...unser Wesen zu erheben und uns unserer Seele näherzubringen... Sie heilen, nicht, indem sie die Krankheit bekämpfen, sondern weil sie unseren Körper mit den herrlichen Schwingungen unseres höheren Wesens erfüllen, in deren Gegenwart die Krankheit dahinschmilzt wie Schnee in der Sonne."

Selbst ein Arzt, glaubte Edward Bach, daß Ärzte die Rolle des Ratgebers und Lebensberaters spielen sollten, der dem Patienten Geleit und Einsicht vermittelt. Der Patient muß dahin gelangen zu erkennen, daß er selbst die Verantwortung für seine Heilung trägt. Er muß bereit sein, sich der Tatsache zu stellen, daß seine Krankheit von Fehlern und Irrtümern verursacht ist, die in ihm selbst liegen, und er muß den Wunsch entwickeln, sich selbst von solchen Fehlern zu befreien.

Einer der einzigartigen Vorteile der Bach-Blütenmittel ist jedoch, daß sie schon angewendet werden können, bevor das erste Anzeichen körperlicher Erkrankung zum

Vorschein kommt, und so der Krankheit Einhalt gebieten, bevor sie auf den Körper übergreift. Bach bemerkte: „Fast allen (ernsten) Erkrankungen geht gewöhnlich eine Zeit der Angeschlagenheit voraus, in der man sich nicht ganz bei Kräften fühlt: Dies ist die Zeit, unsere Krankheit zu behandeln, sich in Form zu bringen und dem weiteren Krankwerden Einhalt zu gebieten." Selbst ein vorübergehender Konfliktzustand zwischen der Persönlichkeit und der Seele kann den Körper anfällig werden lassen für das Eindringen von Krankheitskeimen, die allzeit bereit sind zum Angriff, wenn die normale Widerstandskraft des Körpers geschwächt ist.

Eine ausführlichere Darstellung der Lehre und Anschauung Dr. Edward Bachs findet sich in *Heile dich selbst* (in: Edward Bach, *Blumen, die durch die Seele heilen*, Hugendubel, München 1980) und in *The Bach Flower Remedies* (Die Bach Blütenmittel) von Dr. Edward Bach und Dr. F.J. Wheeler (Keats, New Canaan/Connecticut 1977). Die bisher unveröffentlichten philosophischen Schriften *Ihr leidet an euch selbst* und *Befreie dich selbst* sind in den Anhängen A und B dieses Buches abgedruckt.

Die achtunddreißig Bach-Blüten

Das folgende Kapitel bietet eine Übersicht über die verschiedenen Symptome und Situationen, bei denen die achtunddreißig Bach-Blütenmittel angezeigt sind.
Weitere, eingehendere Informationen über die Anwendung der Blütenmittel finden sich in den bei den Literaturangaben am Schluß dieses Buches genannten Werken.

Seit 1936 wurden die achtunddreißig von Dr. Bach entdeckten Blütenmittel eingesetzt, um das emotionale und psychische Gleichgewicht bei Menschen wiederherzustellen, die sich in leichteren oder massiven Belastungs- und Spannungssituationen befanden. Bach unterschied folgende sieben Hauptgruppen emotionaler und psychischer Zustände:

○ Angst
○ Unsicherheit
○ Ungenügendes Interesse an der Gegenwarts-Situation
○ Einsamkeit
○ Überempfindlichkeit gegenüber Einflüssen und Ideen
○ Mutlosigkeit und Verzweiflung
○ Übermäßige Sorge um das Wohl anderer

Innerhalb jeder dieser Gruppen beschrieb er weitere, verschiedene Seelen- und Gefühlszustände.
Im folgenden steht eine kurze Auflistung der sieben Gruppen, der ihnen zugeordneten achtunddreißig

Bach-Blüten und weitere Indikationen derselben. Diese Aufstellung ist nicht als eine Beschreibung der Bach-Blütenmittel oder als Indikationsverzeichnis zur praktischen Anwendung gedacht. Einzelheiten und notwendige weitere Informationen entnehmen Sie bitte den am Schluß dieses Buches angeführten Werken.

1. ANGST

* **Gemeines Sonnenröschen** (Helianthemum nummularium; engl.: Rock Rose): extreme Angst- und Panikzustände, Hysterie, Schreck, Alpträume
* **Gefleckte Gauklerblume** (Mimulus guttatus; engl.: Mimulus): Furcht vor bekannten Dingen, z.B. Höhenangst, Angst vor Schmerzen, Dunkelheit, Armut, Tod, Alleinsein, anderen Menschen usw.; auch bei Schüchternheit und allgemeiner Ängstlichkeit

Kirschpflaume (Prunus cerasifera; engl.: Cherry Plum): Furcht, in einer Situation den Verstand oder die Kontrolle zu verlieren, Neigung zu unbeherrschten Wutausbrüchen und spontanen Handlungen, mit der Angst, sich selbst oder anderen etwas anzutun, beispielsweise Selbstmord-Tendenzen **).

Espe (Populus tremula; engl.: Aspen): bei vagen Ängsten und Befürchtungen unbekannten Ursprungs, bei dunklen Vorahnungen drohender Gefahren.

---

*) Diese Blüte gehört zu der ursprünglichen Reihe der "zwölf Heiler"

**) Die Bach-Blüten und die Notfalltropfen sollen nicht die medizinische Notfallbehandlung ersetzen. In allen Fällen, in denen psychiatrische oder ärztliche Versorgung notwendig ist, sollte man sofort einen Arzt rufen.

Rote Kastanie (Aesculus carnea; engl.: Red Chestnut): bei übermäßiger Angst und Sorge um andere, besonders zum Beispiel um Familienangehörige. Bei Überbesorgtheit, wenn sie krank sind, mit dem Auto fahren usw.; wenn man immer befürchtet, daß ihnen etwas zustoßen wird.

2. UNSICHERHEIT

* **Bleiwurz** (Ceratostigma willmottianum; engl.: Cerato): für jene, die an ihrer Fähigkeit zweifeln, Entscheidungen oder Urteile zu fällen. Sie fragen ständig andere um Rat, und sind oft schlecht beraten.

* **Einjähriger Knäuel** (Scleranthus annuus; engl.:Scleranthus): für jene, die unentschlossen sind, die sich nicht zwischen zwei Alternativen entscheiden können, weil abwechselnd die eine und die andere ihnen richtig erscheint. Sie sind auch leicht Stimmungs- oder Energieschwankungen unterworfen.

* **Bitterer Enzian** (Gentiana amarella; engl.: Gentian): für jene, die sich leicht entmutigen lassen, die schon bei geringen Verzögerungen zu zweifeln beginnen, mutlos werden und sich selbst infrage stellen.

Stechginster (Ulex europaeus; engl.: Gorse): für die verzweifelt Hoffnungslosen, Frustrierten

Hainbuche (Carpinus betulus; engl.: Hornbeam): für das dauernde „Montagmorgen-Gefühl", den Anforderungen des Tages nicht gewachsen zu sein, bei Müdigkeit und der Neigung, zögernd aufzuschieben; für jene, die das Gefühl haben, daß sie an Leib oder Seele einer Stärkung bedürfen.

Wald-Trespe (Bromus ramosus; engl.: Wild Oat): für jene, die mit ihrer derzeitigen Laufbahn oder Lebensweise unzufrieden sind, wobei ihre Schwierigkeit jedoch darin besteht, genau zu entscheiden, welche Richtung sie einschlagen sollen.

3. UNGENÜGENDES INTERESSE AN DER GEGENWARTS-SITUATION

* **Gemeine Waldrebe** (Clematis vitalba; engl.: Clematis): für jene, die die Neigung haben, sich vor der Gegenwart in die Zukunft zu flüchten; bei mangelndem Konzentrationsvermögen, Tagträumerei, Mangel an Interesse an der gegenwärtigen Situation.

Geißblatt (Lonicera caprifolium; engl.: Honeysuckle): für jene, die zu sehr in der Vergangenheit leben und an die „gute alte Zeit" zurückdenken; bei Vergangenheits-Sehnsucht und Heimweh.

Heckenrose (Rosa canina; engl.: Wild Rose): für die apathisch Resignierten, die sich den äußeren Umständen ergeben und keinerlei Anstrengungen unternehmen, um sie zu verbessern oder Freude zu finden.

Olive (Olea europaea; engl.: Olive): bei völliger geistiger und körperlicher Erschöpfung und Ermüdung, bei sehr geschwächter Vitalität nach langer Krankheit oder seelischer Belastung.

Weiße Kastanie (Aesculus hippocastanum; engl.: White Chestnut): bei ständiger Wiederkehr unerwünschter Gedanken oder Vorstellungen ins Bewußtsein oder bei vorwiegender Beschäftigung mit irgendeinem Kummer oder Erlebnis.

Ackersenf (Sinapis arvensis; engl: Mustard): bei tiefer Schwermut ohne ersichtlichen Grund, die zu plötzlicher Melancholie und großer Traurigkeit führt.

Kastanienknospen (Aesculus hippocastanum; engl.:

Chestnut Bud): für jene, die aus ihren Erfahrungen und Beobachtungen keine Lehre ziehen und ständig die gleichen falschen Verhaltensmuster und Fehler wiederholen.

4. EINSAMKEIT

* **Sumpfwasserfeder** (Hottonia palustris; engl.: Water Violet): für jene, die lieber allein sind und uninteressiert, stolz, reserviert erscheinen, auch voll Selbstvertrauen und manchmal eine überlegene Attitüde zeigen. Sie können fähig und zuverlässig beraten, lassen sich aber nicht in die Angelegenheiten anderer hineinziehen.
* **Drüsentragendes Springkraut** (Impatiens glandulifera; engl.: Impatiens): für jene, die schnell im Denken und Handeln sind, aber oft ungeduldig in bezug auf andere, die langsamer sind als sie; für jene, die gereizt reagieren, wenn sie nicht genügend Geduld aufbringen können.

  Heidekraut (Calluna vulgaris; engl.: Heather): für jene redseligen Zeitgenossen, die ständig die Gesellschaft solcher suchen, die der Darlegung ihrer Probleme zuzuhören bereit sind. Sie drehen sich ganz um sich selbst, sind im allgemeinen selbst schlechte Zuhörer und haben Schwierigkeiten, auch nur kurze Zeit allein zu sein.

5. ÜBEREMPFINDLICHKEIT GEGENÜBER EINFLÜSSEN UND IDEEN

* **Odermenning** (Agrimonia eupatoria; engl.: Agrimony): für jene, die andere mit ihren eigenen Schwierigkeiten nicht belasten wollen, die ihr Leid

hinter einer Fassade der Heiterkeit verbergen und ihre Zuflucht aus Schmerz und Kummer häufig bei Drogen und Alkohol suchen.

* **Tausendgüldenkraut** (Centaurium umbellatum; engl.: Centaury): für jene, die schwer Nein sagen können, die sich oft versklaven in ihrem starken Wunsch, anderen zu dienen; die so überängstlich darauf bedacht sind, anderen zu gefallen, daß sie dazu neigen, ihre eigenen Interessen zu vernachlässigen und sich leicht ausnutzen lassen.

Walnuß (Juglans regia; engl.: Walnut): zur Stabilisierung der Gefühle in allen Phasen des Überganges oder der Veränderung, z.B. beim Zahnen, in der Pubertät, der Adoleszenz und während der Wechseljahre; beim Lösen alter (Ver-)Bindungen und der Umstellung auf einen neuen Anfang, z.B. eine neue Arbeit(sstelle), einen neuen Wohnort, Umgebung und sogar Beziehung.

Stechpalme (Ilex aquifolium engl.: Holly): bei negativen Gefühlen wie Neid, Mißgunst, Eifersucht, Argwohn, Rache und Haß; in allen Fällen und Zuständen, die einen Mangel an Liebe zeigen.

6. MUTLOSIGKEIT UND VERZWEIFLUNG

Lärche (Larix decidua; engl.: Larch): für jene, die wohl fähig sind, aber nicht genug Selbstvertrauen besitzen; die damit rechnen zu versagen und dann oft gar nicht richtig versuchen, mit ihrem Beginnen Erfolg zu haben.

Kiefer (Pinus silvestris; engl.: Pine): für jene, die mit ihren eigenen Anstrengungen nicht zufrieden sind, die sich Vorwürfe machen und sehr unter den Schuldgefühlen und Fehlern leiden, die sie sich selbst anhängen; für jene, die immer das Gefühl haben, sie sollten oder könnten etwas besser gemacht haben. Häufig sind sie auch schnell dabei, sich selbst die Fehler anderer vorzuwerfen.

Ulme (Ulmus procera; engl.: Elm): für jene, die sich zuviel aufladen, und dann von der Last ihrer Verantwortung überwältigt werden.

Edelkastanie (Castanea sativa; engl.: Sweet Chestnut): für jene, die das Gefühl haben, an die Grenzen ihrer Belastbarkeit gelangt zu sein, in tiefster Verzweiflung, wenn die Qual unerträglich erscheint.

Goldiger Milchstern (Ornithogalum umbellatum; engl.: Star of Bethlehem): bei mentaler und emotionaler Belastung während oder nach traumatischen Erlebnissen wie dem Verlust eines nahestehenden Menschen oder etwas anderem Wichtigen, oder nach einem Unfall.

Weide (Salix vitellina; engl.: Willow): für jene, die unter den Folgen eines Unglücks oder von Umständen zu leiden haben, die ihnen ungerecht oder unfair erscheinen. In der Folge werden sie aufgebracht und verbittert gegenüber anderen Menschen.

Eiche (Quercus robur; engl.: Oak): für jene, die auch in Krankheit und unter widrigen Umständen nie aufgeben. Sie sind tapfer entschlossen, alle Hindernisse zu überwinden, um das Ziel zu erreichen, das sie sich gesetzt haben.

Holzapfel (Malus pumila; engl.: Crab Apple): bei starken Gefühlen von Scham und Unreinheit, aber auch bei Angst vor Verunreinigung, bei schwachem Selbstbewußtsein, Unsicherheit im Verhältnis zum eigenen

Körper oder Teilen desselben; Gefühl, etwas Unreines an oder in sich zu haben. Diese Bach-Blüte wird die Entgiftung und Reinigung von inneren und äußerlichen Wunden unterstützen.

7. ÜBERMÄSSIGE SORGE UM DAS WOHL ANDERER

* **Wegwarte** (Cichorium intybus; engl.: Chicory): für alle, die sich dauernd in besitzergreifender und bevormundender Weise um die Menschen in ihrer Umgebung kümmern; sie können fordernd und voll Selbstmitleid sein und haben das Bedürfnis, daß die anderen ihren Vorstellungen und Idealen entsprechen.

* **Eisenkraut** (Verbena officinalis; engl.: Vervain): für jene, die feste Prinzipien und Meinungen haben und diese ständig belehrend verbreiten und missionieren. Über Ungerechtigkeiten geraten sie leicht in Wut, und im Extremfalle können sie überenthusiastisch streitsüchtig und unterdrückend werden.

Weinrebe (Vitis vinifera; engl.: Vine): für jene, die willensstarke Führer-Persönlichkeiten und immer der Überzeugung sind, daß sie recht haben. Im äußersten Falle jedoch können sie selbstherrlich, diktatorisch, tyrannisch und rücksichtslos werden.

Buche (Fagus silvatica; engl.: Beech): für jene, die nach Vollendung streben und diese überall suchen, jedoch immer wieder auf Fehler und Mängel in ihrer Umgebung stoßen. Zuweilen kritisch und intolerant, übersehen sie vielleicht sogar das Gute in anderen, und zeigen übertriebene Reaktionen auf geringfügige

Reizungen oder die Eigenheiten anderer Menschen.
Quellwasser (Aqua petra; engl.: Rock Water): für
jene, die sich selbst im Alltag strenge und starre Maßstäbe anlegen. Sie sind sich selbst gestrenge Meister
und bemühen sich einem Ziel entgegen oder, um anderen ein Beispiel zu sein. Das bezieht sich auch auf
ein starres Festhalten an einer bestimmten Lebensweise, an einer religiösen, persönlichen oder sozialen
Disziplin.

TEIL II

Die Heilung eines Teiles sollte nicht angegangen werden ohne Behandlung des Ganzen. Man sollte auch keinen Versuch unternehmen, den Körper zu heilen ohne die Seele, und wenn der Kopf und der Leib gesund sein sollen, müßt ihr damit beginnen, daß ihr das Denken heilt ... Denn das ist der große Irrtum unserer Tage bei der Behandlung des menschlichen Körpers, daß die Ärzte zuerst die Seele vom Leibe trennen.

Platon (427-347 v.Chr.), Politeia (Staat)

Rescue –
die Notfall-Medizin Dr. Edward Bachs

Rescue Remedy (wörtlich übersetzt: Rettungs-Arznei) erhielt seinen Namen von Dr. Bach wegen seiner beruhigenden, stabilisierenden Wirkung auf die Emotionen in Krisensituationen.

Das folgende Kapitel gibt Aufschluß über die Zusammensetzung der Notfalltropfen, ihren historischen Ursprung, ihren Anwendungsbereich und Möglichkeiten ihrer Verwendung.

Die Notfalltropfen bestehen aus den folgenden fünf Bach-Blütenmitteln:

* **Drüsentragendes Springkraut** (Impatiens glandulifera; engl.: Impatiens) bei Ungeduld, Reizbarkeit und Erregung, die häufig mit Streß-Situationen verbunden sind. Zuweilen sind auch Muskelspannungen und -schmerzen zu beobachten.
* **Gemeine Waldrebe** (Clematis vitalba; engl.: Clematis) bei Bewußtlosigkeit, Geistesabwesenheit, Mattigkeit, dem Gefühl, aus dem Körper ausgetreten zu sein, das häufig einem Schock folgt.
* **Gemeines Sonnenröschen** (Helianthemum nummularium; engl.: Rock Rose) bei Schrecken, Panik, Hysterie und großer Angst.
  Kirschpflaume (Prunus cerasifera; engl.: Cherry Plum) bei der Angst, gedanklich oder körperlich die Kontrolle zu verlieren.

---

*) aus der ursprünglichen Reihe der »zwölf Heiler«

Goldiger Milchstern (Ornithogalum umbellatum; engl.: Star of Bethlehem) bei geistigen und körperlichen Traumata.

Dr. Bach verwendete zum ersten Mal drei *(Gemeines Sonnenröschen, Gemeine Waldrebe* und *Drüsentragendes Springkraut)* der fünf Bestandteile des *Rescue Remedy,* als er zwei Fischer versorgte, die bei einem Sturm vor Cromer schiffbrüchig wurden, wo Bach einen großen Teil seiner Arbeit mit den Blütenmitteln leistete. Die beiden Männer hatten sich an den Mast ihrer zertrümmerten Barke festgebunden und fünf Stunden im heulenden Sturm überlebt, bis ein Rettungsboot sie erreichen konnte. Der jüngere Fischer war fast erfroren, delirös und hatte Schaum vor dem Mund stehen. Dr. Bach eilte den Rettern entgegen ins Wasser und fing sofort an, die Blütenmittel auf die Lippen des Mannes zu streichen. Noch bevor man dem Seemann seine durchnäßten Kleider ausziehen und ihn in eine Decke wickeln konnte, kam er wieder zu sich, setzte sich auf und begann zu sprechen. Nach ein paar Tagen der Erholung im Krankenhaus war er völlig genesen. Bach kombinierte später diese drei Blütenmittel mit *Kirschpflaume* und *Goldigem Milchstern* und vervollständigte damit die Spezialität, die heute unter dem Namen *Rescue* (in der deutschsprachigen Literatur als Notfalltropfen) bekannt ist.

VERWENDUNG DES NOTFALLMITTELS
Rescue Remedy ist sowohl in flüssiger als auch in Salbenform erhältlich. Man kann es entweder allein oder in

Verbindung mit anderen Bach-Blütenmitteln verwenden. Es hat sich auch als wirkungsvoll in der Kombination mit anderen Heilmitteln und den verschiedensten Behandlungsformen – zum Beispiel bei der Chiropraktik, im zahnärztlichen Bereich und zur Massage – erwiesen. Wie aus den Praxis-Berichten hervorgeht, ist *Rescue Remedy* nicht toxisch (also ungiftig), erzeugt keine Abhängigkeit und besitzt keine Nebenwirkungen. Trotzdem sollte man daran denken, daß das **Notfallmittel nicht als Allheilmittel oder Ersatz der medizinischen Notfall-Behandlung gedacht ist.** In ernsten Situationen, wie Unfällen, sollte man sofort einen Arzt oder Rettungswagen rufen. Häufig jedoch kann der Leidende in solchen Notsituationen eine Vielzahl emotionaler und seelischer Störungen erleben, bevor qualifizierte, medizinische Hilfe eintrifft. Das können Ängste, Panik, Schock, und schwere Anspannung sein. Kommt in dieser Phase *Rescue Remedy* zum Einsatz, wird es – so zeigen Erlebnisse und Berichte immer wieder – beträchtlich zur Stabilisierung und emotionalen Beruhigung des Opfers beitragen, bis ärztliche Hilfe am Unfallort zur Verfügung steht.

Darüber hinaus zeigt Rescue Remedy den Berichten zufolge einen positiven, beruhigenden und stabilisierenden Effekt in einem breiten Spektrum von Streß-Situationen wie Nervosität, Angst und Trauerfällen, Schrecken, Entsetzen, Hysterie, Furchtsamkeit und Verzweiflung.

Selbst geringfügige Anlässe können Streß, können Spannung erzeugen, wie Streitigkeiten, Prüfungen, öffentliche Auftritte, Bewerbungsgespräche; sie alle können durch Einnahme der Notfalltropfen erleichtert werden.

EINNAHME

1. Geben Sie vier Tropfen *Rescue Remedy* (aus der Vorratsflasche) in ein Trinkglas voll Flüssigkeit.
2. Nehmen Sie daraus alle drei bis fünf Minuten – oder so häufig wie nötig – einen Schluck, und behalten Sie diesen kurz im Mund, bevor Sie ihn hinunterschlukken.

Wenn kein Wasser oder andere Getränke zur Verfügung stehen:

1. *Rescue Remedy* kann auch direkt aus der Vorratsflasche eingenommen werden (bei Alkohol-Empfindlichkeit bitte verdünnen!), indem man vier Tropfen unter die Zunge gibt. Man kann die Tropfen auch auf einen Löffel Wasser nehmen.
2. Behalten Sie die Flüssigkeit kurz im Mund, bevor Sie sie hinunterschlucken.

Wer nicht trinken oder schlucken kann –
... reibe sich die Notfalltropfen direkt aus der Vorratsflasche auf die Lippen, hinter die Ohren oder auf die Innenseite der Handgelenke.

ANMERKUNG: *Rescue Remedy dient wie auch alle anderen Bach-Blütenmittel zur Wiederherstellung des emotionalen Gleichgewichts. Wenn dieses erreicht ist, schwindet die Notwendigkeit und auch die Wirkung des Mittels. Deshalb wird man keine Wirkung feststellen können, wenn man Rescue Remedy einnimmt, ohne seiner Hilfe zu bedürfen.*

ÄUSSERLICHE ANWENDUNG

Die *Rescue Remedy-Salbe* besteht aus Notfalltropfen in einer neutralen, homöopathischen, antiallergischen und hautfreundlichen Salbengrundlage. Den Berichten zufolge ist sie äußerst nützlich und wirkungsvoll bei Auftragung auf blaue Flecken und Quetschungen, Beulen, Verstauchungen, Kratzer, Hämorrhoiden, leichtere Verbrennungen, Insektenstiche und leichte Entzündungen. Auch bei kleinen Schnittwunden fördert *Rescue Remedy-Salbe* den Heilungsvorgang. Nimmt man dazu die Notfalltropfen oral ein, wird zugleich der emotionalen Reaktion auf und bei jeder der oben genannten Verletzungen geholfen. **Falls *Rescue Remedy-Salbe* nicht erhältlich oder verfügbar ist, kann man die Notfalltropfen auch äußerlich anwenden; sie besitzen die gleiche Wirksamkeit, besonders bei schmerzhaften Beulen, leichten Verbrennungen, Verstauchungen usw.** Weiterhin soll die Salbe auch gut zur Reduzierung von Muskel-Steifheit beitragen. Anwendung:
Tragen Sie die Salbe sanft auf die betroffene Stelle auf oder legen Sie ein Leinenläppchen, ein Stück Verbandsmull o.ä., das Sie mit *Rescue Remedy-Salbe* bestrichen haben, auf die Wunde oder Schürfung. Wiederholen Sie das so häufig wie nötig, auch noch eine kurze Zeit, nachdem eine Besserung eingetreten bzw. die Wundheilung sich eingestellt hat.

TIERHEILKUNDE

Mischen Sie vier Tropfen *Rescue Remedy* in Trinken oder Essen des Tieres. Bei großen Tieren wie Kühen und Pferden haben sich zehn Tropfen aus der Vorratsflasche auf einen Eimer Wasser als wirkungsvoll in jenen Fällen erwiesen, in denen die Verwendung des Notfallmittels angezeigt ist. Dazu gehören auch Unfälle, die Behandlung vor und nach einer Operation und Geburten. Wenn ein Tier verletzt oder bewußtlos ist, kann man *Rescue Remedy* auch direkt aus der Vorratsflasche – oder in einem kleinen Glas Wasser verdünnt – nehmen und auf oder um Maul oder Schnabel, hinter die Ohren oder an anderen empfindlichen Körperstellen einreiben.

PFLANZENHEILKUNDE

Forscher wie Cleve Backster – so lesen wir in dem Buch *The Secret Life of Plants* von Peter Tompkins und Christopher Bird (deutsche Ausgabe: *Das geheime Leben der Pflanzen,* Scherz, Bern/München/Wien 1974) haben nachgewiesen, daß Pflanzen auf Umgebungsreize, aber auch auf Wechselbeziehungen untereinander und zu anderen Lebensformen reagieren. Somit ist es nicht überraschend, daß man *Rescue Remedy* auch zur Erleichterung des traumatischen Erlebnisses verwendete, unter dem Pflanzen leiden, die versetzt wurden; auch Blumen, die die Köpfe hängen ließen, und verletzten Bäumen brachte das Notfallmittel zuverlässige Hilfe. Zehn Tropfen auf eine Gießkanne, aus der die Pflanze ein bis zwei Tage regelmäßig Wasser erhält, trägt zur Linderung des sehr realen Schocks bei, den Pflanzen erleben können, und hilft ihnen, sich auch äußerlich wieder zu erholen. Im Gemüsegarten hat sich die Zugabe von fünf bis zehn Notfalltropfen ins Gießwasser zur Pflanzzeit oder in einer beliebigen anderen Wachstumsphase als sehr nützlich bewährt.

Rescue in der Praxis –
Berichte von Behandlern und privaten Verbrauchern

Die folgenden Fallstudien wurden vom Autor im Laufe von drei Jahren sorgfältig zusammengetragen und untersucht. Aufgrund des sehr persönlichen und intimen Aussagewerts dieser Berichte wurden Maßnahmen ergriffen, um die Privatsphäre derer zu schützen, die *Rescue Remedy* zu Hause verwenden. Dies wurde dadurch erreicht, daß anstelle der Personennamen nur Wohnort und Staat oder Land angegeben wurden. Darüber hinaus wurden die Berichte privater Verbraucher in Fällen, in denen es notwendig erschien, grammatikalisch und stilistisch überarbeitet, um versehentliche Einschränkungen ihrer Deutlichkeit rückgängig zu machen. Aussage-Absicht und geschildertes Erlebnis blieben dabei unberührt. Weiterhin wurden in diesen Berichten auch keine Anführungszeichen abgedruckt.

Unter Berichten über den professionellen Einsatz des Notfallmittels jedoch werden die Namen der ärztlichen oder auf andere Weise therapeutisch tätigen Urheber nebst Wohnort, Staat oder Land angegeben, wie sie uns genannt worden sind.

Alle 'professionellen' Berichte und Fallstudien erscheinen an dieser Stelle mit dem vollen Wissen und schriftlichen Einverständnis ihres Urhebers. Außer geringfügigen grammatikalischen Korrekturen oder Ergänzungen, die alle in eckigen Klammern [ ] stehen, sind diese Aussagen und Berichte wortgetreu abgedruckt.

Alle Fallstudien in diesem Buch kamen durch persönliche Interviews, Fragebögen und Briefe der Urheber in den Vereinigten Staaten und anderen Ländern zustande. Darüber hinaus wurde das Mitteilungsblätter-Archiv im Bach Centre durchforscht und auch Beiträge aus dieser Quelle verwendet.

ANMERKUNG: *Rescue Remedy* ist nicht dazu gedacht, die medizinische Notfall-Behandlung zu ersetzen. In allen Fällen, in denen eine qualifizierte medizinische Versorgung notwendig ist, sollte sofort ein kompetenter Arzt zu Hilfe gerufen werden.

Fallgeschichten, bei denen nur der Name eines Landes genannt wird, stammen in erster Linie aus den vom Bach Centre veröffentlichten Mitteilungsblättern.
Weiterhin sei angemerkt, daß – obwohl viele der hier wiedergegebenen Fallstudien recht eindrucksvoll sind – diese Darstellung allein dazu gedacht ist, als Referenz zu dienen, und nicht die Wirksamkeit des *Rescue Remedy* zur Sensation aufzublähen oder unbegründete Behauptungen über sie aufzustellen.
Es wurde keine Mühe gescheut, um aus den Hunderten vorliegender Berichte dem Leser eine ausgewogene Auswahl vorzustellen. Obwohl sehr darauf geachtet wurde, diese Fallstudien zu ordnen, gibt es zum Teil doch Überschneidungen.

STELLUNGNAHMEN AUS DER THERAPEUTISCHEN PRAXIS

Es folgt nun eine Auswahl von Berichten über den professionellen Einsatz von *Rescue Remedy,* dem Notfallmittel, die wir sowohl aus den Vereinigten Staaten als auch aus anderen Ländern erhielten. *Rescue Remedy* wird sehr geschätzt als wichtiges Heilmittel, und sowohl Ärzte als auch viele andere Behandler auf der ganzen Welt verwenden es in ihrer Praxis.

Alle Berichte, seien sie von professionellen oder privaten Verwendern des Notfallmittels, erscheinen innerhalb der jeweiligen Abschnitte und Kategorien in zufälliger Reihenfolge.

Über den professionellen Einsatz von *Rescue Remedy* liegt eine Fülle von Berichten und Aussagen vor: auch wenn dieses Buch sehr viele Fallstudien aus jenem Bereich wiederzugeben scheint, bilden diese doch nur einen kleinen Bruchteil der Gesamtzahl und zeigen zudem nur einen kleinen Ausschnitt aus dem großen Spektrum der Anwendungsmöglichkeiten.

In Großbritannien praktizierende Ärzte besitzen oft zahlreiche akademische Titel, Zeugnisse und Beglaubigungen der verschiedensten medizinischen Fakultäten und Berufsverbände. Überall, wo diese Referenzen im Text erscheinen, hielten wir uns an die Regel des *British Medical Journal* und gaben nur die beiden höchsten medizinischen Titel an. Während in Großbritannien viele Doktoren der Medizin (MD) praktizieren, haben doch auch viele britische Ärzte andere akademische Titel als "MD". Achtundneunzig Prozent der in dieses Buch aufgenommenen Fallstudien und Berichte aus Großbritannien stammen von praktizierenden Ärzten mit dem einen oder anderen Titel. Da alle medizinischen Abschlüsse, Beglaubigungen und Referenzen in Form von Abkürzungen angeführt werden, soll die nun folgende Liste dem Leser die Bedeutung all dieser Abkürzungen erklären.

AFOM	Associate Faculty Occupational Medicine cine (GB) – außerordentl. Mitglied der arbeitsmedizinischen Fakultät (GB)
BAc	Bachelor of Acupuncture (GB) – Bakkalaureus der Akupunktur (GB)
BAO	Bachelor of the Art of Obstetrics (GB) – Bakkalaureus der Kunst der Geburtshilfe (GB)
BCh	Bachelor of Surgery (GB) – Bakkalaureus der Chirurgie (GB)
BChir	Bachelor of Surgery (GB) – Bakkalaureus der Chirurgie (GB)
BS	Bachelor of Surgery (GB) – Bakkalaureus der Chirurgie (GB)
BVetMed	Bachelor of Veterinary Medicine (GB) – Bakkalaureus der Veterinärmedizin (GB)
CA	Certified Acupuncturist (USA) – beglaubigter Akupunkteur (USA)
ChB	Bachelor of Surgery (GB) – Bakkalaureus der Chirurgie (GB)
DC	Doctor of Chiropractic (USA & GB) – Doktor der Chiropraktik (USA & GB)
DCH	Diploma in Child Health (GB) – Diplom in Kinderheilkunde (GB)
DDS	Doctor of Dental Surgery (USA & GB) – Doktor der Kieferchirurgie (USA & GB)
DM	Doctor of Medicine (GB) – Doktor der Medizin (GB), identisch mit MD
DN	Doctor of Naprapathy (USA) – Doktor der Naprapathie (USA)
DO	Doctor of Osteopathy – Doktor der Osteopathie (unterschiedliche Zulassungsvoraussetzungen in den USA und GB)

DObst RCOG	Diploma Royal College Obstetricians and Gynaecologists (GB) – Diplom des Königlichen Kollegs der Geburtshelfer und Frauenärzte (GB)
DPH	Diploma in Public Health (GB) – Diplom in Volksgesundheit (GB)
DVM	Doctor of Veterinary Medicine (USA) – Doktor der Veterinärmedizin (USA)
DVSM	Doctor of Veterinary Surgery and Medicine (GB) – Doktor der Tier-Medizin und -Chirurgie (GB)
FRCP	Fellow Royal College of Physicians (GB) – Absolvent des Königl. Kollegs der Ärzte (GB)
LRCP	Licentiate Royal College of Physicians (GB) – Lizentiat des Königlichen Kollegs der Ärzte (GB)
LRCPI	dasselbe in Irland
LRCS	Licentiate Royal College of Surgeons (GB) – Lizentiat des Königlichen Kollegs der Chirurgen (GB)
LRCSI	dasselbe in Irland
MA	Master of Arts (GB) – Magister der freien Künste (GB)
MB	Bachelor of Medicine (GB) – Bakkelaureus der Medizin (GB)
MD	Medical Doctor (USA & GB) – Doktor der Medizin (USA & GB)
MFHom	Member Faculty of Homoeopathy (GB) – Mitglied der Homöopathischen Fakultät (GB)
MLCO	Member London College of Osteopathy (GB) – Mitglied des Londoner Osteopathie-Kollegs (GB)
RMH	Registered Medical Herbalist (GB) – eingetragener Phytotherapeut (GB)

MRCP	Member Royal College of Physicians (GB) – Mitglied des Königlichen Kollegs der Ärzte (GB)
MRCGP	Member Royal College of General Practitioners (GB) – Mitglied des Königlichen Kollegs der Allgemeinmediziner (GB)
MRCS	Member Royal College of Surgeons (GB) – Mitglied des Königlichen Kollegs der Chirurgen (GB)
MRCVS	Member Royal College of Veterinary Surgeons (GB) – Mitglied des Königlichen Kollegs der Tierchirurgen (GB)
ND	Naturopathic Doctor (USA & GB) – Naturheilkundiger Doktor (USA & GB)
PhD	Doctor of Philosophy (USA & GB) – Doktor der Philosophie
(GB)	Großbritannien
(USA)	Vereinigte Staaten von Amerika

"Als Heiler wähle ich nur solche Behandlungsmethoden, die sich bei meiner Arbeit als wirksam erweisen. Alle gebildeten Menschen wissen wohl, daß Krankheit auf einer viel tieferen als der körperlichen Ebene beginnt. Das haben große Männer schon seit Tausenden von Jahren gelehrt. Einer von ihnen war der englische Arzt und Wissenschaftler Dr. Edward Bach, der nicht nur diese Wahrheit verbreitete, sondern auch ein großer Pflanzenkundiger wurde und jene besonderen Pflanzen und Heilwässer entdeckte, die auf jener tiefsten Ebene wirken. Seine Heilmethode ist angesehen und unter dem Namen Bach-Blütentherapie bekannt geworden.

Ich habe diese Bach-Mittel und die Kombination *Rescue Remedy* seit über acht Jahren in Gebrauch und festgestellt, daß es sich hierbei um eine sanfte und doch starke Heilmedizin handelt. Emotionale Verwirrungen von äußerster Angst bis hin zu Eitelkeit, Stolz und Eifersucht werden sanft im Innern aufgelöst und wie Staub vom Winde verweht. Wir möchten *Rescue Remedy* in einem Notfall nicht entbehren. Hysterie und Trauer oder der Schock nach einem Unfall lassen sich durch die orale Verabfolgung der Notfalltropfen rasch ausgleichen, falls notwendig, auch durch lokale Anwendung der *Rescue Remedy-Salbe*. Selbst ein schreiendes, gereiztes Kind läßt sich in seiner Aufregung besänftigen.

Obwohl es viele gute Heilmittel gibt, ist Dr. Bachs Kombination *Rescue Remedy* eines der besten bei Notfällen und Verletzungen. Ich rate unbedingt allen Menschen, die kleine und große Haustiere haben, besonders aber jenen, die eigene Kinder haben, *Rescue Remedy* im Haus oder bei sich zu halten, denn die Notfälle treten immer dann ein, wenn man am wenigsten mit ihnen rechnet."

Sun Bear, Häuptling und Medizinmann,
Bear Tribe, Spokane, Washington

„Ich mache von den Bach-Blütenmitteln in meiner Praxis ausgiebig Gebrauch. Sie haben sich als sehr hilfreich bei Patienten erwiesen, die bestimmte Aspekte ihres Gemüts klären möchten, ihre inneren Möglichkeiten entfalten und die positiven Eigenschaften in sich selbst finden wollen.

Rescue Remedy ist sehr nützlich zur Beruhigung von Kindern, die Wutanfälle haben, und es nimmt ihnen auch ihre Furcht, wenn sie Spritzen bekommen müssen. Ich verwende es auch mit gutem Erfolg gegen die Ängste und Befürchtungen, die Patienten in meiner Praxis erleben.

Ich selbst habe die Notfalltropfen in meinem Wagen, zu Hause und in jedem Raum meiner Praxis. Ich nehme sie sogar selbst ein, wenn ich einmal einen harten Tag habe."

G.S. Khalsa, MD,
Lathrup Village, Michigan

„Die Bach-Blütenmittel sind in der Praxis viel zu wenig verbreitet, und eine Erforschung dieser Therapie ist seit langem überfällig. In einer sehr großen Zahl von Fällen erwiesen sich diese Mittel als äußerst nützlich. Ich würde ohne zu zögern in jedem Akutfalle *Rescue Remedy* verwenden, zusätzlich zu jeder anderen geeigneten Maßnahme, die die jeweiligen Umstände erfordern."

Julian Kenyon, MD,
Direktor des Centre for Alternative Therapies,
Southampton, England

„Bei meiner Arbeit im alten Londoner hömöopathischen Krankenhaus – dem heutigen Royal London Homeoepathic Hospital – fielen mir die Notfalltropfen und das Bach-Blütenmittel Star of Bethlehem als sehr wertvolle Arzneien auf."

Margery G. Blackie, MD,
ehemalige Leibärztin von
Ihrer Majestät, Königin Elizabeth II;
Autorin von *The Patient, Not the Cure*
(Macdonald & Jane, London 1976)

„In meiner Praxis behandle ich den ganzen Menschen, spezialisiere mich aber vor allem auf Hautkrankheiten und Allergien. Ich habe viele ältere Patienten gesehen, die in ihrer Verzweiflung herumsitzen und sich wundkratzen. Mit Freundlichkeit, Geduld und Bach-Blütenmittel – vor allem dem Notfallmittel – konnte vielen von ihnen erstaunlich gut geholfen werden, und sogar ohne Salben und Drogen."

James Q. Gant jr., MD,
Washington, D.C., USA

"Ich trage die Notfalltropfen immer in der Tasche bei mir. Man weiß nie, wann es zu einem Notfall kommt und man sie brauchen wird."

Maesimund Panos, MD,
Tipp City, Ohio, USA;
ehem. Präsident des National Center of Homeopathy, Washington, D.C.;
Co-Autor von *Homeopathic Medicine at Home* (dt. Ausgabe:
Homöopathische Hausapotheke, Heyne, München)

"Ich verwende die Bach-Blütenmittel seit über dreißig Jahren in meiner Praxis, und sie haben sich – besonders *Rescue Remedy* – sehr bewährt. Ich empfehle jedermann, *Rescue Remedy* bei sich zu tragen, weil man nie weiß, wenn man die Hilfe dieses Mittels brauchen kann. Dr. Bach hat der Welt ein großes Geschenk gemacht, ja, er war wirklich ein absolutes Genie im Bereich der Medizin. Die Bach-Blütenmittel sind ein Schlüssel zur neuen Medizin der Zukunft."

Aubrey Westlake, MB, BChir,
Fordingbridge, Hampshire, England; Präsidentin der
Psionic Medicine Society; Autorin von *The Pattern of Health*
(Shambala, London 1961)

"Die Notfalltropfen sind ein sehr nützliches Erste-Hilfe-Mittel in akuten Krisensituationen, bei Ängsten und Unruhe. Ich war oft überrascht über die guten Erfolge, die es in solchen Fällen erzielt hat, in denen andere Maßnahmen versagt hatten. Ich halte die Bach-Blütenmittel für einen wesentlichen Beitrag zur Medizin."

Robin G. Gibson, FRCP, DCH,
internistischer Berater am Glasgower homöopathischen
Krankenhaus, Glasgow, Schottland

"Ich habe *Rescue Remedy* bei mir selbst und in der Familie verwendet, weil ich diese Art von 'Prüfung' durchführe, bevor ich mich dazu entschließe, eine Behandlungsweise in die Praxis zu übernehmen. *Rescue Remedy* ist nach meiner Erfahrung äußerst wirkungsvoll bei der Linderung einer Vielzahl von akuten emotionalen Belastungen. Die *Rescue Remedy*-Creme ist ein gleichermaßen wertvolles Mittel, das man lokal bei Quetschungen, Beulen, Verstauchungen, Schwellungen usw. anwendet."

Richard E. Behymer, MD,
Camptonville, Kalifornien, USA

"Ich will gerne sagen, wie hervorragend *Rescue Remedy* ist, sowohl in flüssiger als auch in Creme-Form. Ich trage immer beides bei mir und bin immer wieder von neuem überrascht, wie gut dieses Mittel wirkt. Ich empfehle es vielen Patienten und höre immer wieder von den guten Erfahrungen, die diese mit *Rescue Remedy* machen."

Nicola M. Hall,
Rektor an The Bayle School of Reflexology,
Worcester, England

"Mit den einzelnen Bach-Blüten und besonders mit den Notfalltropfen habe ich erstaunliche Erfolge erzielt. Ich habe die Wirkung des Notfallmittels bei Menschen beobachtet, die Unfälle und andere traumatische Erlebnisse erlitten hatten. Fast augenblicklich werden sie ruhiger, und wird das Notfallmittel entweder in Tropfen- oder Creme-Form an der betroffenen Stelle aufgetragen, bewirkt es einen raschen Rückgang der Schwellung oder Verletzung."

Eugene C. Watkins, ND,
Southfield, Michigan, USA

"Ich halte die Bach-Blütenmittel für sehr erfolgreich bei der Behandlung von Angstzuständen, Depressionen, Aufregungen und emotionalen Problemen. Ich verwende sie in Verbindung mit homöopathischer Medizin und, falls notwendig, diätetischer Maßnahmen, besonders in Fällen hyperaktiver Kinder."

S.J.L. Mount, MB, MRCP,
ehm. fachärztl. Berater am
Königlichen Homöopathischen Krankenhaus London;
Berater an der London Natural Health Clinic;
Autor von *The Food and Health
of Western Man*
(Wiley, New York 1971)

"In meiner Praxis verwende ich häufig eine Technik zur Behandlung von Störungen im Bereich des Temporomandibular-Gelenks des Kiefers. Bei den meisten Menschen staut sich in der Muskulatur und im Bereich des Gelenks sehr viel emotionale Spannung, und während der Behandlung kann der Patient Emotionen auf eine bewußte Ebene hervorholen. Eine Einnahme von *Rescue Remedy* hat dabei gewöhnlich einen sofortigen und tiefen beruhigenden Effekt."

Gerald Brady, DC,
St. Paul, Minnesota, USA

"Ich verwende das Notfallmittel häufig, besonders bei akuten Verletzungen wie Schnittwunden, Quetschungen, Schwellungen usw. Es wirkt fast augenblicklich, beruhigt den Organismus, bringt die Übelkeit zum Verschwinden, auch das Ohnmachtsgefühl oder Hysterie. Es erweist sich auch während eines akuten Asthma-Anfalls als sehr nützlich. Ich habe das Notfallmittel auch gegen die morgendliche Übelkeit schwangerer Frauen eingesetzt, sowie in zahlreichen Fällen verletzter Tiere, besonders bei Vögeln, die gegen Fenster- oder Glastür-Scheiben geflogen sind. Doch sollte man dies nicht als das einzige Mittel zur Behandlung betrachten, sondern als eine Hilfe, um Panik und Schock zu beseitigen und dem Arzt die Zeit zu geben, Vorbereitungen für spezifischere Behandlungsformen zu treffen."

James E. Williams, CA,
DelMar, Kalifornien, USA

"Ich verwende sehr viel *Rescue-Remedy,* für mich selbst und für meine Patienten. Jeder, der unter Druck und im Streß auf dieses Mittel zurückgreift, wird feststellen, daß es viel besser wirkt als jeder Tranquillizer."

Elisabeth Ogden, LRCPI,
Dublin, Irland

69

"In meiner Praxis habe ich beim Gebrauch der Bach-Blütenmittel einschließlich der Notfalltropfen positive Erfolge beobachtet und finde, daß sie bestimmt weitere Erforschung verdienten."

Jonathan Shore, MD,
Mill Valley, Kalifornien, USA

"Wir verwenden sehr viel Notfallmittel, sowohl die Tropfen als auch die Salbe, und stellen fest, daß die Tropfen, wenn man sie einnimmt, dazu beitragen, emotionale Aufregungen zu mildern, während die äußerlich verwendete Creme die Heilung aller möglicher Verletzungen von Schnittwunden bis hin zu Verbrühungen beschleunigt. Wir massieren die Creme auch in schmerzhafte Gelenke ein, um die Beschwerden zu erleichtern. Wir finden, daß alle Bach-Blütenmittel, besonders *Rescue Remedy* für unsere Arbeit hier unverzichtbar sind; wir möchten sie nicht mehr missen."

Beryl James, Physiotherapeut,
The Roy Morris Clinic, Oswestry und Wigan, England

"Ich bin freiwillige Mitarbeiterin beim hiesigen Hospiz-Programm [ein Ort, wo sich Todkranke aufhalten können, bis sie sterben, ohne dabei von Apparaten der Intensivmedizin künstlich am Leben gehalten zu werden], und die Notfalltropfen sind besonders gut geeignet für die Angehörigen der Patienten, mit denen ich zu tun habe. Ich gebe sie jenen Menschen, die emotionale und körperliche Schwierigkeiten zu ertragen haben, und sie fühlen sich danach immer besser."

B.J.D., San Antonio, Texas, USA

"Ich mache von den Bach-Blütenmitteln in meiner Praxis reichlich Gebrauch. Die meisten Patienten berichten, daß sie sich in den ersten Tagen nach der Einnahme der Bach-Blüten gefühlsmäßig ausgeglichener fühlen. *Rescue Remedy* ist sowohl in meiner eigenen Familie als auch bei den Patienten ein nützliches Mittel. Immer, wenn jemand in irgendeiner Weise verletzt ist, bewirkt *Rescue Remedy* eine Beruhigung; und dies so zuverlässig, daß dazu kein weiteres Medikament notwendig ist. Die Notfalltropfen sind auch sehr geeignet zur Schock-Behandlung bei einem Trauerfall, bei emotionalen Aufregungen oder wenn jemand nervös oder sonstwie aus dem inneren Gleichgewicht geraten ist. Die *Rescue Remedy*-Creme habe ich auch bei Verstauchungen angewendet, bei Muskelzerrungen, Quetschungen, Beulen und leichten Verbrennungen, und ich finde, daß es außerordentlich wirksam Schmerzen, Schwellung und Entzündung bei solchen Verletzungen mindert. Ich empfehle jedermann, Rescue Remedy in seiner Erste-Hilfe-Ausrüstung zu halten. Es ist leicht anzuwenden, preiswert und ohne toxische Nebenwirkungen."

Kirby Hotchner, DO,
Des Moines, Iowa, USA

"Die nützlichste Behandlung von Traumata, die ich kenne, ist Dr. Bachs Notfallmittel. (Zusammen mit einer ordentlichen medizinischen Behandlung) ist es [eine] unbezahlbare erste Hilfe für Opfer von Unfällen, [bei] Verletzungen [und] Schocks – besonders bei Kindern – oder [bei] überraschenden schlimmen Nachrichten. Die Flüssigkeit ist erhältlich in praktischen kleinen Pipettenfläschchen; ich habe immer eines in meiner Tasche. In meinem Wagen habe ich ebenfalls ein Fläschchen [für ähnliche Situationen] bereit."

Barbara Griggs, London, England;
Autorin von *The Home Herbal: A Handbook of Simple Remedies* (Pan, London 1983) und *Green Pharmacy: A History of Herbal Medicine* (Norman & Hobhouse, London 1981)

"Ich empfehle, die Notfalltropfen besonders während einer Entbindung griffbereit zu halten, sowohl für die Mutter als auch alle Anwesenden. Ich habe sie als ein äußerst wertvolles Mittel kennengelernt, das die Anspannung in der Krise reduziert. *Rescue Remedy* ist, gerade bei einer Entbindung, ein absolutes Muß, vor allem, wenn die Wehen schon lange dauern oder eine Zangenentbindung notwendig wird. Außerdem läßt sich Rescue Remedy auch einsetzen, um den Neugeborenen zu helfen, das Trauma des Geburtserlebnisses zu verkraften. Das Notfallmittel kann man an Handgelenken, Schläfen, Kopfhaut oder im Nabelbereich sanft einreiben."

Lorraine Taylor, BAc,
Oxford, England

"Ich verwende *Rescue Remedy* als Alternative zur Verschreibung von Valium. Manchmal erweist es sich als unglaublich hilfreich."

D. McGavin, MRCGP, DCH,
Maidstone, Kent, England

„Von den verschiedenen in dieser Praxis zur Anwendung gelangenden Medikamenten und Techniken ist nichts höher zu schätzen und wertvoller als die Bach-Blütenmittel."

Nicholas Ashfield, DC,
Toronto, Kanada

"Ich halte *Rescue Remedy* für sehr nützlich zur Beruhigung und Unterstützung der Patienten, besonders während der vorübergehenden Nebenwirkungen stark beanspruchender Behandlungsweisen. Wir verwenden *Rescue Remedy* häufig bei umfangreichen Arbeiten am Schädel und bei anderen mechanischen Manipulationen.
Ich habe das Gefühl, daß die Notfalltropfen dazu beitragen, die physiologische, mentale und emotionale Belastung auf ein Mindestmaß zu beschränken, die so häufig mit [chiropraktischen] Manipulationen verbunden ist. Es ist eine wichtige Hilfe für den Arzt wie für den Patienten, dessen Heilungsprozeß es erleichtert."

Joseph Unger jr., DC,
St. Louis, Missouri, USA

"Ich setze *Rescue Remedy* bei älteren Patienten ein, die allein leben; es scheint ihnen zu helfen, ihr Leben besser zu bewerkstelligen. Wenn diese Patienten sich vor eine Aufgabe gestellt sehen, die große Mühe von ihnen verlangt, dann beruhigt und stabilisiert sie das Notfallmittel sehr wirksam. Ich empfehle *Rescue Remedy* zur Verwendung im höheren Alter, und zur Beruhigung und Stabilisierung unter jeder Art von Belastung."

Hilda Saenz de Deas, Bac,
Oxford, England

„Ich verwende die Bach-Blütenmittel seit mehr als fünf-
undzwanzig Jahren in meiner Praxis und habe damit
sehr gute Erfahrungen gemacht, besonders in Verbindung mit anderen Behandlungsweisen. Beim Heran-
wachsen meiner eigenen Familie – vier Söhne – stellten
meine Frau und ich fest, daß gewisse Blütenmittel wirklich sehr hilfreich sind."

Brian K. Youngs, ND, DO,
Harrow, England

"Ich gebrauche die Bach-Blütenmittel seit über zehn
Jahren regelmäßig, für mich selbst ebenso wie bei Patienten. Sie haben ihre Heilkräfte gewiß unter Beweis
gestellt bei Unfällen und funktionellen Störungen sowie
bei Hautkrankheiten."

K.J. Noblett, MB, ChB,
Blackpool, England

"Ich habe *Rescue Remedy* bei meiner chiropraktischen
Arbeit reichlich verwendet, besonders bei Patienten, die
infolge emotionaler Belastung unter akuten Schmerzen
litten. Die Notfalltropfen helfen den Patienten glänzend
und ermöglichen ihnen, sich zu sammeln und den Anweisungen zu lauschen, die man ihnen gibt, und sich zu
entspannen – und so kann der Heilungsprozeß herbei-
geführt werden. Ich habe [*Rescue Remedy*] selbst schon
eingenommen in emotionellen Krisen, habe die Tropfen
auch meiner Hündin gegeben, wenn ihr nicht gut war –
in jedem Falle mit positivem Erfolg. Ganz bestimmt hilft
dieses Mittel, zur Ruhe und in die eigene Mitte zurück-

zugelangen, und ohne *Rescue Remedy* wäre ich verloren.

Auch die *Rescue Remedy-Salbe* erwies sich als recht hilfreich zur Beschleunigung der Heilung von Schürfungen und Prellungen ebenso wie zur Linderung arthritischer Gelenkschmerzen und der Beschwerden von Schleimbeutelentzündungen im akuten Stadium. Ich verwende die Creme automatisch in Verbindung mit anderen Maßnahmen wie Ultraschall und galvanischen Strömen, um sie in die tieferen Gewebsschichten einzuarbeiten."

Barbara Dorf, DC,
Culver City, Kalifornien, USA

"Die Bach-Blütenmittel einschließlich des *Rescue Remedy* gebrauche ich jetzt seit einer Reihe von Jahren. Sie sind eine bemerkenswerte Hilfe zur Stabilisierung bei emotionalen Aufregungen, wie sie mit den meisten traumatischen Situationen verbunden sind. Bei unserem Muskeltest nach der angewandten Kinesiologie stellten wir fest, daß die Blütenmittel nicht nur einen, sondern drei Muskel korrigierten (was unser Kriterium für den Einsatz eines Mittels ist), und eine tiefere Entspannung ermöglichen, die die Offenheit für andere therapeutische Maßnahmen steigert."

George Goodheart, DC,
Detroit, Michigan, USA;
Begründer und Erforscher der angewandten Kinesiologie;
Autor zahlreicher Artikel und Lehrbücher
auf dem Gebiet der angewandten Kinesiologie

„Ich verwende die Bach-Blütenmittel und auch *Rescue Remedy* seit über dreißig Jahren, hauptsächlich bei Streß und emotionalen Problemen mit glänzenden Resultaten. Ein hoher Prozentsatz der Patienten berichtet beim nächsten Praxisbesuch, daß er Belastungen viel besser standhält."

Harold J. Wilson, MD,
Columbus, Ohio, USA

"Bei ungefähr neunzig Prozent der Patienten, denen ich Bach-Blütenmittel gegeben habe, kam es innerhalb eines Monats zu einer drastischen Veränderung ihrer grundsätzlichen Einstellung zu sich selbst und zu anderen Menschen. Diese [Verlagerung] bedeutete zugleich ein umfassenderes Annehmen seiner selbst und die Erkenntnis, daß man für sein eigenes Leben verantwortlich ist und auch die Kontrolle darüber besitzt.
Ich verwende immer das Notfallmittel, wenn irgendein Unglücksfall zu einem emotionalen, psychischen oder körperlichen Trauma geführt hat. Nach Einnahme der Notfalltropfen – so stellen meine Patienten fest – dauert es wenige Stunden bis Tage, bis sie selbst merken, daß sie sich von den Nachwirkungen des Traumas lösen."

Jeff Migdow, MD,
Kripalu Center, Lenox, Massachusetts, USA

"Die Bach-Blütenmittel sind in den letzten beiden Jahren zu einem festen Bestandteil meiner Praxis geworden, und die klinischen Resultate, die ich nach ihrem Einsatz beobachten konnte, reichen von gut bis erstaunlich gut."

Louis I. Berlin, DC,
Atlanta, Georgia, USA

"Wenn ich nur ein einziges von vielen Behandlungs-, Heilungs-, und Arznei-Systemen in der Welt auswählen dürfte, würde ich mich nur für die Bach-Blütenmittel entscheiden. Ich glaube, daß diese Heilmittel ihrer Zeit um Jahrzehnte voraus sind, und bin sicher, wir werden in der Zukunft feststellen können, daß sowohl Ärzte als auch die allgemeine Öffentlichkeit ausgiebig von ihnen Gebrauch machen. Die Blütenmittel haben irgendwie eine subtile Wirkung auf das innere Selbst, die sich häufig sehr rasch zeigt, wo die Psychotherapie Jahre gebraucht hätte, um die gleiche positive Veränderung zu bewirken – wenn sie dazu überhaupt imstande wäre."

C.K. Munro, MB, BAO
Londonderry, Nordirland

"Nach meiner Erfahrung haben sich die Bach-Blütenmittel [die für die zugrundeliegenden emotionalen Spannungen ausgesucht wurden] als hilfreich erwiesen bei Klassenzimmer-Phobien, Platzängsten, sexuellen Ängsten und vorzeitiger Ejakulation. *Rescue Remedy* ist ein gutes Mittel zur Einleitung einer Behandlung jeglicher Form von Angst, bei akutem Streß und akuten Zuständen geistiger Fehlorientierung. Ich habe auch beobachtet, daß Rescue Remedy die Spannung Jugendlicher, besonders vor Schul- und Fahrprüfungen erleichtert.
Ich halte die Bach Arzneien für eine wesentliche Erweiterung der homöopathischen Praxis. Ein Grund dafür ist, daß sie, im Gegensatz zu anderen Homöopathika, ungestraft wiederholt verabreicht werden können. Ich empfehle sehr, daß in jedem Haushalt ein Fläschchen *Rescue Remedy* stehen sollte; ein weiteres müßte man in

jedem Auto mit sich führen, um es bei Verkehrsunfällen sofort parat zu haben.

Anthony D. Fox, MRCGP, DCH,
Barton-on-Sea, England

"*Rescue Remedy* habe ich bei zahlreichen Entbindungen eingesetzt, und immer mit zufriedenstellenden Resultaten. In manchen Fällen habe ich *Rescue Remedy* Frauen empfohlen, die unruhig und nervös waren bei dem Gedanken an eine natürliche Entbindung. Ich riet ihnen, die Tropfen während der Tage vorher immer dann zu nehmen, wenn sie sich sorgten. Viele befolgten diesen Rat und teilten mir später mit, wie erstaunlich leicht die Entbindungen dann waren. *Rescue Remedy* ist das einzige und wichtigste Mittel, das ich in meiner Bereitschaftstasche mit mir führe."

Marsha Woolf, ND,
Newton Corner, Massachusetts, und
Providence, Rhode Island, USA

"Ich verwende die Bach-Blütenmittel jetzt seit rund sieben Jahren und kann mir die Praxis ohne sie nicht mehr vorstellen. Sie spielen weiterhin eine immer wichtigere Rolle, und ihre Wirkung ist manchmal verblüffend. Viele Patienten berichten mir, wie erstaunlich sie ihre eigene Veränderung zum Positiven hin empfinden, nachdem sie mit dem Einnehmen der Tropfen begonnen haben.
Ich gebrauche die Notfalltropfen immer in Situationen wie leichten emotionalen Aufregungen bis hin zu schweren seelischen Erschütterungen – mit bemerkenswertem Erfolg. Ich verwende auch die *Rescue Remedy-Salbe,*

um sie auf Schwellungen, Beulen, Quetschungen, bei Spannungskopfschmerzen sowie akuten Muskel- und Wirbelsäulenbeschwerden aufzutragen, mit gleichermaßen hervorragendem Erfolg."

Mark Smith, DC,
Vienna, Virginia, USA

„Ich habe positive Erfahrungen mit den Bach-Blütenmitteln gemacht. So habe ich beispielsweise eine Reihe von Patienten mit Magen-Darm-Störungen behandelt, von denen viele schon lange Zeit bestanden. Diesen Menschen konnte mit den Bach-Blütenmitteln hervorragend geholfen werden. Obwohl die Mittel nicht direkt für körperliche Beschwerden vorgesehen sind, konnten wir doch in den meisten Fällen, in denen ein emotionales Problem zugrundelag – wie es bei den meisten (einfachen) gastrointestinalen Funktionsstörungen der Fall ist –, in der Regel glänzende Erfolge verzeichnen."

Catherine Smith, MD,
Abingdon, Virginia, USA

„Ich verwende die Bach-Blütenmittel und *Rescue Remedy* bei neunzig Prozent meiner Patienten, sowohl vor als auch nach den meisten Zahnbehandlungen. Besonders nach Operationen und Zahnersatz-Arbeiten sowie zur Linderung der Aufregung und zur Stabilisierung der Patienten sind sie besonders gut geeignet.
Ich finde die Bach-Blütenmittel und *Rescue Remedy* hervorragend zur Reduzierung von Ängsten erwachsener und noch kleiner Patienten vor der Behandlung, vor al-

lem aber bei jenen, die unter Dysfunktionen des Tempo-romandibulargelenks (TMG = Kiefergelenk) zu leiden haben. Viele TMG-Beschwerden hängen mit emotiona-len Störungen zusammen, wobei Ängste ein charakteri-stisches Element bilden. Mir ist in meiner Praxis noch kein einziger emotional oder psychisch verursachter Krankheitsfall begegnet, in dem die Bach-Blütenmittel nicht irgendwie helfen konnten. Ich wünschte, mehr Zahnärzte wüßten von diesen sanften und doch immer wieder positiven und sicheren Wirkungen, die die Bach-Blütenmittel und die Notfalltropfen in meiner Praxis zei-gen. Wüßten die Kollegen davon, würden sie gewiß ohne Zögern selbst von dieser Methode Gebrauch ma-chen".

Maurice Tischler, DDS,
Woodstock, New York, USA

„Ich verwende die Bach-Blütenmittel seit zehn Jahren als Teil meiner allgemeinärztlichen Praxis. Ich habe diese Heilmittel weit über tausend Patienten verschrieben und finde, daß sie immens hilfreich zur Überwindung nega-tiver emotionaler und mentaler Zustände sind, die uns alle einmal zu befallen scheinen.

Ohne jeden Zweifel können die Bach-Blütenmittel dem Patienten das emotionale Gleichgewicht wiederherstel-len. Sie – und besonders *Rescue Remedy* – erleichtern hervorragend akute und emotionale Streßzustände, wie sie die Folge von plötzlichen Veränderungen oder Un-glücksfällen sind. Die Mittel beseitigen auch Angst und Wut und helfen einem, eine positivere Ausrichtung im Leben zu finden.

Ich persönlich trage ständig eine Flasche Notfalltropfen bei mir, von der ich schon bei zahlreichen Notfällen erfolgreich Gebrauch gemacht habe. Bei Trauerfällen, wenn jemand beispielsweise einen lieben Angehörigen verloren hat, bedarf es keines starken Beruhigungsmittels. Selbst unter solchen Umständen erweist sich *Rescue Remedy* als ein sicheres und rasch wirkendes Mittel. Als interessierter Arzt hoffe ich, daß die Bach-Blüten eines Tages einmal zum festen Bestandteil jeder ärztlichen Praxis werden."

Abram Ber, MD,
Phoenix, Arizona, USA

„Die Bach-Blütenmittel verwende ich seit fast zwanzig Jahren, und ich habe mit ihrer Hilfe schon Hunderte von Patienten von der Einnahme starker Drogen (Antidepressiva, Sedativa, Tranquillizer) befreien können. Die Bach-Blüten gebrauche ich regelmäßig in der Krebsklinik in Bristol, und sie erweisen sich als sehr hilfreich zur Linderung der emotionalen und psychischen Anspannung, unter der so viele dieser Patienten leiden. Die Mittel haben mir auch persönlich in vielen kritischen Situationen in der Familie geholfen. Sie sind therapeutische Maßnahmen, die ich nicht mehr missen möchte."

Alec Forbes, MD, FRCP,
ehm. Mitglied der Experten-Beraterkommission
für traditionelle Medizin bei der Weltgesundheitsorganisation; Medizinischer Direktor
am Bristol Cancer Help Centre in Bristol, England;
Autor von *The Bristol Diet: Get Well and Eating Plan*
(Century, London 1984)

„Ich verwende die Notfalltropfen zur Einnahme, um emotionale Aufregungen zu beruhigen, und die Tropfen oder Creme äußerlich bei Verletzungen oder Schnittwunden; (es) scheint die Wundheilung zu beschleunigen. Oft müssen diese Wunden dann nicht erst genäht werden. Es braucht nur ein paar Tropfen *Rescue Remedy* oder etwas Creme. Ich finde, *Rescue Remedy* ist ein sehr wirkungsvolles und starkes Heilmittel."

Joe D. Goldstrich, MD,
ehm. medizinischer Direktor am
Pritikin Longevity Center
in Santa Monica, Kalifornien, USA;
Autor von *The Best Chance Diet*
(Humanics, Atlanta 1982)

„Während meiner Zeit als Assistent von Dr. Margery Blackie (Ehm. Leibärztin Ihrer Majestät, Königin Elizabeth II.) haben Dr. Blackie und ich das Notfallmittel mit sehr gutem Erfolg bei Menschen angewandt, die unter Streß standen. Ohne den geringsten Zweifel halte ich *Rescue Remedy* für sehr wirksam."

Charles K. Elliott,
MB, BCh, MFHom, MRCGP, MLCO, AFO RCP,
London; Leibarzt von
Ihrer Majestät, Königin Elizabeth II.

„Ich setze die Bach-Blütenmittel hauptsächlich bei Schlaflosigkeit, Depressionen und anderen nervösen Störungen ein und habe sie als äußerst wirkungsvolle Medikamente kennengelernt. Die Bach-Blüten, und besonders *Rescue Remedy* , sind wertvolle Hilfen in meiner homöopathischen Praxis."

Andrew H. Lockie, MRCGP, DObst RCOG,
Guildford, England

„Ich habe immer ein Fläschchen *Rescue Remedy* in meiner Schreibtischschublade, um es selbst einzunehmen oder Freunden und Büroangestellten zu geben, wenn es irgendeine traumatische seelische Erschütterung oder einen Unfall gegeben hat."

Richard Crews, MD,
Rektor der Columbia
Pacific University,
Mill Valley, Kalifornien, USA

„Die Bach-Blütenmittel sind äußerst raffiniert in ihrer Wirkungsweise. Sie sind ungewöhnlich sanfte und zugleich doch auch ungeheuer wirksame Arzneien ... Ich verwende die Bach-Blütenmittel fast ausschließlich an Stelle von Tranquillizern und Psychopharmaka, und die Erfolge sind glänzend. In vielen Fällen lindern sie die Krankheit, auch wenn alle anderen Maßnahmen gescheitert sind."

J. Herbert Fill, MD, Psychiater,
New York City, New York, USA;
ehm. Stadtbeauftragter für
Psychiatrie in New York;
Autor von *The Mental Breakdown of
a Nation* (Watts, New York 1974)

Notfälle –
Berichte von Behandlern und privaten Verbrauchern

Das folgende Kapitel bringt Schilderungen von Notfällen, in denen von therapeutischer oder privater Seite *Rescue Remedy* verabreicht wurde. Notfälle sind in diesem Zusammenhang solche Fälle, in denen allgemein sofortige Erste-Hilfe-Maßnahmen oder andere Hilfe notwendig ist.

Rescue Remedy ist nicht als ein Allheilmittel oder Ersatz für die medizinische Notfall-Behandlung gedacht. In allen Fällen, in denen eine medizinische Versorgung erforderlich ist, sollte sofort ein Rettungswagen oder ein qualifizierter Arzt gerufen werden.

AUS DER THERAPEUTISCHEN PRAXIS
„Während einer Schiffsreise wurde ich vor kurzem gebeten, eine Frau zu behandeln, die nicht mehr aus ihrer Kabine herauskommen konnte. Sie hatte eine emotionale Krise, war depressiv und weinte; sie sagte, sie könnte mit den Dingen einfach nicht mehr richtig fertig werden. Ich gab ihr eine Dosis *Rescue Remedy,* und wurde dann wieder abberufen. Eine Stunde später kam die Frau auf Deck auf mich zu und erzählte mir, wie erstaunlich gut ihr das Mittel geholfen hatte, aus ihrer schlimmen Zerreißprobe wieder hervorzukommen."

Alec Forbes, MD, FRCP
Bristol, England

„Wir hatten einem Patienten gerade eine Spritze mit einem Lokalanästhetikum gegeben, als er uns sagte, daß er Novocain (ein Mittel zur örtlichen Betäubung; Anm.d.Ü.) nicht vertrüge. Innerhalb von einer Minute begann er zu zittern, wurde bleich, ängstlich und schwitzte; er sah aus, als würde er jeden Augenblick das Bewußtsein verlieren. Ich griff sofort nach Sauerstoffmaske und Ammoniak, aber bevor ich damit beim Patienten war, hatte meine Helferin schon vier Tropfen Rescue Remedy in seinen halboffenen Mund gegeben. Auf der Stelle wurde der Patient ruhig, bekam wieder Farbe und öffnete die Augen. Er war wieder vollkommen in Ordnung! Nichts anderes als die Notfalltropfen waren verwendet worden."

Steve Ross, DDS,
Wappinger Falls, New York, USA

„Ein zahnärztlicher Freund und ich befanden uns auf einer Wanderung im Wald, als er von an die hundert roten Waldameisen gebissen wurde, die sich über seinen Arm und die Hände verteilt hatten. Diese Bisse sind äußerst schmerzhaft und jucken sehr, und mein Bekannter mußte eine Dreiviertelstunde leiden, bis wir zu meiner Hütte zurückgelangt waren, wo ich ein Fläschchen *Rescue Remedy* hatte. Hätte ich die *Rescue Remedy-Creme* dabeigehabt, hätte ich diese aufgetragen, aber da sie mir nicht zur Verfügung stand, gab ich zehn bis fünfzehn Tropfen der Flüssigkeit auf eine Tasse Quellwasser und bestrich mit dieser Mischung die betroffenen Stellen. Die Bisse der stechenden Ameisen sind gewöhnlich noch ein bis drei Tage lang schmerzhaft, zuweilen auch längere Zeit. Zu unserem Erstaunen war binnen kurzer Zeit fast alles Jucken, die Schwellungen und Entzündungen verschwunden."

J. Hunter Lilly, ND, PhD,
Winter Haven, Florida, USA

„In den ersten fünf Tagen einer Seereise nach Saudi-Arabien wurde mir mitgeteilt, daß ein weiblicher Passagier seekrank war. Ich schlug ihrem Mann vor, ihr mit *Rescue Remedy* zu helfen zu versuchen. Ich gab ihm ein Fläschchen und sagte ihm, er sollte alle fünf Minuten eine Gabe unter die Zunge seiner Frau tropfen. Innerhalb einer Stunde ging es ihr wesentlich besser, und am nächsten Morgen war die Frau wieder auf den Beinen, und ließ sich an Deck sehen. Während der restlichen Reise wurde sie nicht mehr seekrank."

Ahmaed bin Embun, Heilpraktiker,
Singapur, Malaysia

„Ich behandle Kinder mit Gehirnschäden mit Hilfe von Chiropraktik, und viele von ihnen haben auf *Rescue Remedy* gut angesprochen. In etlichen Fällen kamen diese Kinder schreiend und außer Rand und Band zur Behandlung. Ich gab ihnen ein paar Tropfen *Rescue Remedy* unter die Zunge, und ihr Betragen besserte sich auf der Stelle, als hätte man einen Schalter umgelegt. Es ist verblüffend, wenn man so etwas beobachtet."

Terry Franks, DC,
Burnsville, Minnesota, USA

„Eines Tages kam eine meiner Patientinnen in die Praxis; sie litt unter Anfällen von Alkoholismus. Sie zitterte, war delirös und völlig außer Kontrolle. Während der zweistündigen Sitzung gab ich ihr wiederholt Notfalltropfen direkt unter die Zunge. Nach der zweiten Dosis hörte ihr Zittern auf, [und] sie wurde immer klarer und konnte während der übrigen Zeit der Behandlung angemessen reagieren. Ich gab ihr das Fläschchen *Rescue Remedy* mit nach Hause mit dem Rat, täglich daraus einzunehmen, was sie auch tat. Am Ende derselben Woche, als sie wieder einen Behandlungstermin hatte, sagte sie, sie fühlte sich besser, und sie sah auch tatsächlich klarer aus, als ich sie lange Zeit zu sehen bekommen hatte."

Joe Ann Cain, Psychotherapeut,
Encino, Kalifornien, USA

ERFAHRUNGEN PRIVATER VERWENDER
Ich bin Mitglied des Sri Chinmoy Marathon-Teams. Nach den ersten 25 Kilometern eines Marathons werde ich gewöhnlich müde, reizbar und schwindelig. In meiner Spritzflasche habe ich eine Verdünnung von *Rescue Remedy* in Wasser, die ich im allgemeinen während der restlichen rund 17 Kilometer trinke. Das gibt mir Energie und lindert die mentale Erschöpfung und Flaute.
Während des Laufes streiche ich mir auch *Rescue Remedy-Creme* an die Knie, um die hartnäckigen Schmerzen zu erleichtern, und ich reibe mir die Wadenmuskeln und Kniesehnen ein, um Muskelverspannungen zu lösen, die ich im Laufe des Rennens bekomme.
Beim letzten Rennen gab ich auch einem Freund von der *Rescue Remedy-Creme,* weil er ebenfalls auf halber

Strecke Knieschmerzen bekommt. Vor einem Monat hatte er genau diese Schmerzen gehabt und deshalb ausscheiden müssen. Dieses Mal sagte er, einige Minuten, nachdem er von der Creme genommen hatte, daß seine Knie wieder gut wären. Nach dem Lauf meinte er, ohne die *Rescue Remedy*-Creme wäre er nie bis zum Ziel gelangt.

Jamaica, New York, USA

Einmal gruben meine Schwester und ihr Sohn ein Loch für einen Zaunpfahl. Sie brachte aus Versehen ihr Bein in das Gerät und zog sich einen komplizierten Bruch zu. Sofort rief sie ihrem anderen Sohn zu, er solle die Notfalltropfen bringen, die für solche Fälle bereitstanden. Während der nächsten fünf Minuten nahm sie mehrere Male davon ein. Das Mittel linderte die schlimmsten Auswirkungen dieses Schocks, so daß meine Schwester in aller Ruhe ihren Transport ins Krankenhaus organisieren konnte.

Loudonville, New York, USA

Mein ältester Sohn schnitt sich tief in den linken Daumen. Kurz nachdem er blaß und schwindelig wurde und die Übelkeit von ihm Besitz ergriff, gab ich ihm *Rescue Remedy* in den Mund, tropfte auch etwas unverdünnt auf den Daumen, den ich mit Mull verband. Binnen kurzer Zeit hatte mein Sohn wieder seine normale Farbe und fühlte sich gut. Nähen mußte man die Verletzung nicht. Später beschwerte er sich sogar, daß ihm nicht einmal eine Narbe zum Vorzeigen blieb.

Montgomery, Texas, USA

Ich finde, die *Rescue Remedy*-Creme ist hier im tropischen Klima Singapurs besonders wertvoll, weil Schnittwunden, Verletzungen und Quetschungen oft Monate brauchen um zu heilen. Die Creme schafft das in ein bis zwei Tagen.

Singapur, Malaysia

Ich habe die *Rescue Remedy*-Creme verwendet, um meiner allergischen Reaktion auf eine Hautsalbe entgegenzuwirken, die meine Augen trüb und das Gesicht aufgeschwollen machte und verfärbte. In der Hoffnung auf eine Linderung versuchte ich es zuerst mit einem kalten Waschlappen über dem Gesicht, dann verbrachte ich einige Zeit dösend im Bett. Nach einigen Tagen war die Hautrötung und Schwellung weniger geworden, aber meine Haut war schuppig und juckte, als hätte ich einen Sonnenbrand.
Dann gab mir jemand Notfalltropfen, die ich mehrere Male auf die Haut auftrug. Bis zum Abend schon bemerkte ich eine sichtbare Besserung, auch wenn ich mir immer noch Sorgen machte. Am nächsten Morgen war die Besserung noch deutlicher. Ich nahm weiterhin alle halbe Stunde von den Tropfen; und gegen Ende dieses Tages waren nicht nur meine Befürchtungen verschwunden, sondern ich konnte auch sehen, daß mein Gesicht wieder gut wurde.

Los Angeles, Kalifornien, USA

Meine Mutter rutschte kürzlich auf einer vereisten Stelle auf einem Parkplatz aus und schlug mit dem Kopf oberhalb der Schläfe an die Ecke eines geparkten Wagens. Sie verlor für einige Sekunden völlig das Bewußtsein, dann schien sie wieder zu sich zu kommen, konnte aber weder ihren Namen sagen, noch sonst in irgendeiner Weise reagieren. Sie war sehr blaß, wie unter einem Schock. Ich setzte sie in den Wagen, hüllte sie in eine Decke ein und gab ihr mehrere Tropfen *Rescue Remedy*, von dem ich immer ein Fläschen bei mir trage. Die Wirkung setzte auf der Stelle ein. Meine Mutter kam wieder zu sich und bat um eine weitere Gabe der Notfalltropfen. Sie konnte Fragen wieder beantworten, und obgleich sie noch fröstelte, begann sich ihr Zustand zu stabilisieren. Sie hatte schlimme Kopfschmerzen, was uns nicht überraschte. Da ich den Eindruck hatte, daß ihr nichts fehlte, nahm ich sie mit nach Hause, wo sie ein Bad nahm, in das wir einen Schuß *Rescue Remedy* gegeben hatten. Am nächsten Tag waren ihre Kopfschmerzen fast ganz verschwunden, und sie konnte wieder zur Arbeit gehen. Außer einer Behandlung durch den Chiropraktiker war keine weitere Hilfe mehr nötig. *)

Ballston Lake, New York, USA

Vor einem Monat habe ich unbedacht an einen heißen Ofen gefaßt und mich verbrannt. Daraufhin habe ich meine versengte Hand in eine Dose *Rescue Remedy*-Creme getaucht. Zusätzlich nahm ich noch die flüssigen Notfalltropfen, als ich die Creme vorsichtig auf die verbrannte Stelle auftrug. Am nächsten Tag hatte ich eine

---

*) Schläge gegen den Kopf können zu Schädelbrüchen oder anderen Komplikationen führen, deshalb sollte in allen Fällen, die eine medizinische Versorgung verlangen, sofort ein Arzt konsultiert werden.

Zwölf-Stunden-Schicht im Krankenhaus, wo ich als Krankenschwester arbeite. Ich mußte mit den Händen immer wieder ins Wasser und wieder heraus, aber sie waren überhaupt nicht empfindlich, nur etwas gerötet. Ich trug weiterhin *Rescue Remedy* auf die verbrannte Stelle auf, und nach einer Woche konnte ich nicht einmal mehr sehen, wo ich mich verbrannt hatte.

Kansas City, Missouri, USA

Kürzlich erledigte ich einige Arbeiten zu Hause, und dabei schlug ich mir mit dem Hammer auf den Daumen. Das tat sehr weh, und sehr bald war ein klopfender Schmerz in dem verletzten Finger. Meine Frau strich *Rescue Remedy*-Creme darauf, und nach wenigen Augenblicken war der Schmerz und das Klopfen fast weg. Es war ganz erstaunlich. Wir verwenden *Rescue Remedy* auch bei unseren Kindern; es scheint immer Linderung und Beruhigung zu bringen, wenn man es ihnen nach ihren alltäglichen Mißgeschicken eingibt.

Kent, England

Unser sechs Monate alter Junge hatte eine Verletzung an der Vorhaut seines Penis, eine sehr schmerzhafte Stelle! Er schrie immer, wenn er Wasser ließ. Wir entschieden uns für die Notfalltropfen und gaben ihm vier Tropfen in Wasser verdünnt zu trinken und tupften dazu von der *Rescue Remedy*-Creme auf die verletzte Stelle. Fast unmittelbar danach fiel er in einen gesunden, friedlichen Schlaf. Nach einigen weiteren *Rescue Remedy*-Anwendungen im Lauf der nächsten Tage heilte die Verletzung vollkommen.

East Hampton, New York, USA

Als mein vierjähriges Enkelkind von einem Hund hinter dem Ohr gebissen wurde, habe ich ihm und seiner Mutter sofort einige Notfalltropfen gegeben, da beide sehr mitgenommen waren. Sie beruhigten sich sichtbar binnen weniger Augenblicke, während man die Vorbereitungen für die ärztliche Versorgung der Wunde traf.

Tipp City, Ohio, USA

Letzten Sommer schnitt ich die Hecken, als mir ein großer Zweig ins Gesicht schnellte und so gegen den Mund schlug, daß ich mit den oberen Schneidezähnen anderthalb Zentimeter der Unterlippe aufbiß, die sofort heftig zu bluten begann. Ich hielt die Wunde offen, während mein Mann zwei Tropfen des unverdünnten Notfallmittels hineinträufelte. Die Blutung ließ nach, und nach einigen weiteren Gaben im Laufe der nächsten zehn Minuten hörte die Lippe ganz auf zu bluten. Die Wunde heilte innerhalb einer Woche. Obwohl ich noch immer eine Gewebsverhärtung in meiner Lippe spüre, ist keine Narbe entstanden.

Hull, Georgia, USA

Als Vorbereitung auf eine umfangreiche Zahnoperation gab meine Frau zwanzig Tropfen *Rescue Remedy* in ein Glas Wasser, das sie am Tage vor und nach der Operation schluckweise leertrank. Weder am Tage unmittelbar nach dem Eingriff noch an den folgenden Tagen hatte sie Schmerzen, und sie brauchte auch weder Aspirin noch ein anderes Schmerzmittel zu nehmen. Sie schlief normal, schon in der ersten Nacht ohne medikamentöse

Hilfe, und auch später war ihr Schlaf unbeeinträchtigt. Meine Frau kam zwei Tage nach der Operation zur Kontrolle zum Kieferchirurgen zurück, und dieser war erstaunt, wie gut und rasch die Wunde geheilt war.

Kalifornien, USA

Wir könnten keinen Sommer ohne die *Rescue Remedy*-Salbe auskommen. Sie lindert auf der Stelle die Beschwerden aller möglichen Insektenstiche.

Washington, D.C., USA

Eines Nachts fing mein Mann an, Blut zu spucken. Die Blutmenge, die er von sich gab, war für uns beide erschreckend. Ich gab ihm etwas *Rescue Remedy*, sobald er es bei sich behalten konnte, und kurz darauf konnte er ruhig aus dem Badezimmer gehen. Ich bin selbst Krankenschwester und weiß, daß das oberste Gebot in solchen Situationen die Beruhigung des Patienten ist. Ich nahm auch ein paar Notfalltropfen, ungefähr alle zehn bis fünfzehn Minuten, so daß auch ich ruhig blieb. Es half uns beiden sehr; ich konnte ohne Schwierigkeiten meinen Mann zur Notaufnahme bringen, ohne daß einer von uns die Fassung verlor.

Salisbury, North Carolina, USA

Mein Mann und ich machten letzte Woche eine lange Autofahrt und wurden schwer erschüttert durch einen Beinahe-Unfall. Der Wagen vor uns bremste ganz plötzlich ab, und mein Mann konnte sich gerade noch rechtzeitig auf die Bremse stellen. Wir waren ganz erschlagen und nahmen ein paar Notfalltropfen auf die Zunge. Wir waren echt überrascht zu beobachten, wie rasch das wirkte und unser Schock verschwand.

Kalifornien, USA

Mein Freund und ich nahmen *Rescue Remedy* zu Hilfe, um einen schwierigen Aufstieg auf den Mount Cruach Ardrain in Schottland zu schaffen. Ungefähr auf halber Höhe wurde es plötzlich sehr kalt, und wir gerieten ans Ende unserer Kräfte. Aber wir wußten, daß wir weitergehen mußten, wenn wir die Besteigung vollenden wollten. Ich nahm einen Schluck aus der kleinen Flasche *Rescue Remedy,* die ich in der Manteltasche bei mir trug, und sagte meinem Kameraden, daß er auch davon nehmen müßte, wenn er den restlichen Aufstieg schaffen wollte. Nachdem wir ein paar Minuten bewegungslos auf der Stelle blieben, fühlten wir uns wieder kräftig genug, um das letzte Stück hinter uns zu bringen, und kehrten sicher und in einer Zeit zurück, die so etwas wie ein neuer Rekord war. Ich bin ganz sicher, daß wir diesen Aufstieg nicht vollendet hätten ohne die Notfalltropfen.

Schottland

Eine der Teilnehmerinnen meines Kochkurses schnitt sich tief in den Finger. Obwohl wir sie drängten, lehnte sie es ab, zu einem Arzt zu gehen, und statt weiter mit ihr zu diskutieren, gab ich ihr ein paar Tropfen aus meinem Fläschchen *Rescue Remedy.* Ich konnte sie auch da-

94

zu bewegen, sich niederzulegen, und bedeckte den verletzten Finger mit *Rescue Remedy*-Creme und verband ihn. Den Verband wechselte ich alle paar Stunden. Am nächsten Tag war die Wunde immer noch offen, aber der Finger sah recht rosig und gut aus. Ich verband ihn noch einmal und bat die Frau, den Verband täglich zu erneuern. Als sie mir nach vier Tagen ihren Finger zeigte, glaubte ich, meinen Augen nicht trauen zu können. Die Haut war völlig geheilt; ja, es war nicht einmal andeutungsweise zu sehen, an welcher Stelle der Schnitt gewesen war. Außer, daß ein Teil des Fingernagels dem scharfen Messer zum Opfer gefallen war, konnte man keine Spur einer Verletzung mehr erkennen.

Amsterdam, Holland

Meine fünfjährige Nichte fiel von ihrem Fahrrad, schürfte sich dabei die Nase und schlug sich schlimm beide Lippen auf; ein Schneidezahn baumelte locker an seinem Platz. Sie schrie vor Schmerzen, als wir ihr von den Notfalltropfen direkt in den Mund spritzten und uns auf den Weg zum nächsten Krankenhaus machten. Das Mittel schien bei ihr überhaupt nicht zu wirken. Während wir auf einen Arzt warteten, gaben wir ihr noch einige Dosen, aber es half nicht. Da dämmerte mir, daß das Kind ja Blut spuckte und die Notfalltropfen auf dem gleichen Wege wieder loswurde. Da fing ich an, ihr die Tröpfchen hinter die Ohren einzureiben, und der Erfolg zeigte sich fast im gleichen Augenblick: Meine Nichte hörte auf zu schreien und wurde ruhig. Das ungläubige Staunen der anwesenden Krankenschwester war sehenswert.

Ein weiterer Fall: Ich schnitt mir mit einem Dosenöffner recht tief in die linke Hand, bei dem Gelenk zwischen Daumen und Zeigefinger. Der Schnitt war tief und anderthalb Zentimeter lang. Ich gab sofort *Rescue Remedy*-Creme darauf und umwickelte die Hand mit einer Mullbinde. Nach drei Tagen stellte ich fest, daß die Verletzung heilte. Am fünften Tag nahm ich den Verband ab, und darunter war nur noch eine kleine Narbe zu sehen. Das überraschte mich sehr, denn wenn ich mich sonst irgendwo geschnitten hatte, dauerte es immer sehr lange, bis die Wunde verheilt war.

Victoria, Australien

Ich verbrannte mir mit sehr heißem Essen den Gaumen. Das habe ich schon öfters getan, und im allgemeinen bedeutete es zwei Tage lang heftige Schmerzen, und noch ein oder zwei Wochen lang leichtere Beschwerden. Dieses Mal rieb ich mir die Notfalltropfen auf die verbrannte Stelle, was die Beschwerden in Sekundenschnelle sehr erleichterte. Ich nahm noch einige Male *Rescue Remedy* im Laufe des Tages, und bis zum Abend waren die Schmerzen ganz verschwunden.

London, England

Ich bin nach einer Kinderlähmung körperlich behindert und muß auf Krücken gehen. Als ich mich einmal nach einem Krug auf einem hohen Regal zu weit ausgestreckt hatte, spürte ich einen plötzlichen heftigen Schmerz in Mittelfinger und Handgelenk. Meine Hand schwoll an und tat zehn Tage lang sehr weh; dabei wurde sie allmählich taub. Am zehnten Tag suchte ich meinen Arzt auf, der sehr besorgt war, weil mein Finger nicht nur angeschwollen war, sondern auch anfing, sich nach innen zu krümmen. Auf einem Röntgenbild war jedoch nichts zu sehen. Nach weiteren zehn Tagen – meine Hand tat immer noch weh – schlug ein Bekannter vor, ich sollte es mit *Rescue Remedy* versuchen. Ich strich mir gleich von der Creme auf den Finger, und nach ungefähr zwei Stunden waren die Schmerzen buchstäblich weg. Da nahm ich noch einmal von der Salbe, und am nächsten Morgen waren nicht nur die Schmerzen, sondern auch die Schwellung verschwunden, und ich konnte Hand und Finger normal bewegen und strecken. Es war wie ein Wunder. Weder Schmerzen noch Schwellung kehrten je wieder.

Herefordshire, England

Ein siebenjähriges Mädchen, das auf allen Reisen von Übelkeit geplagt wurde, sollte mit seinen Eltern nach Spanien in Urlaub fahren. Die Eltern waren besorgt, weil sie drei Stunden mit dem Bus fahren müßten, bevor sie ans Ziel gelangten, und fragten mich, ob ich eine Idee hätte, wie man dem Kind helfen könnte. Ich schlug vor, daß man dem Mädchen Notfalltropfen gäbe, die, wie ich wußte, unter solchen Umständen einiges bewirken konnten; zusätzlich sollten sie es noch mit dem Bach-Blütenmittel Scleranthus versuchen. Nachdem sie sich diese Mischung besorgt hatte, wurde – so erzählte mir die Mutter später – dem Mädchen wiederholt davon gegeben, vor und während der Reise, die ohne Beschwerden vonstatten gehen konnte.

Pinner, England

97

Immer, wenn ich in San Francisco bin, muß ich mich die Hälfte der Zeit um die Pflege und Erholung meiner armen heißen und angeschwollenen Füße kümmern, die das ständige Auf und Ab der steilen Hänge nicht zu vertragen scheinen. Letztes Mal aber erwarb ich *Rescue Remedy*-Creme, die ich einrieb. Die Erleichterung war spürbar und trat sofort ein. Auf der Stelle waren meine Füße nicht mehr heiß, und die Schwellung war kurz darauf ebenfalls verschwunden. Ich verwendete die Creme noch wiederholte Male während des weiteren Aufenthaltes in San Francisco, und hatte die ganze Zeit keinerlei Beschwerden in den Füßen.

Everett, Washington, USA

Nach einer Operation vor kurzer Zeit hatte ich Schwierigkeiten beim Einschlafen. Ich drehte und wälzte mich dauernd von einer Seite auf die andere. Die verschiedenen Operationswunden schmerzten, und mein Gehirn schien zu brennen. Einmal gab mir meine Frau einige Notfalltropfen, und innerhalb weniger Minuten wurde ich ruhig; kurz darauf fiel ich in einen tiefen, friedlichen Schlaf. Es war wie ein Wunder.
Zwei Tage und Nächte konnte ich ruhig liegen. Ich lag sogar so still, daß selbst die Bettwäsche keine Falten bekam. Auch innerlich war ich ruhig und zufrieden; ohne zu lesen oder viel zu reden genoß ich einfach diesen Frieden. Am dritten Tag fühlte ich mich viel besser und entspannter. Die Bach-Blütenmittel haben mir enorm geholfen.

USA

Ich arbeitete an einer Leuchtstoffanlage und wußte nicht, daß man vergessen hatte, den Strom abzuschalten. Als ich an die freiliegenden Leitungen faßte, bekam ich einen sehr starken Stromschlag. Ganz benommen griff ich nach meinem Fläschchen Notfalltropfen und nahm sofort vier davon unter die Zunge, und innerhalb der nächsten halben Stunde noch einige mehr. Die Schock-Symptome verschwanden innerhalb weniger Minuten, und nach einer halben Stunde war ich wieder ganz in Ordnung.

Philadelphia, Pennsylvania, USA

Emotionale und psychische Belastung –
Berichte von Behandlern
und privaten Verbrauchern

Dieses Kapitel bringt Schilderungen von Fällen, in denen *Rescue Remedy* in akuter seelischer Not oder emotionaler Belastung eingesetzt wurde.

Unter emotionaler und psychischer Belastung verstehen wir – wenn auch nicht ausschließlich – Ängste, Nervosität, Panikstimmung und nicht klinisch definierte Depressionen. Ursachen für solche Situationen bietet der Alltag: der Besuch des Zahnarztes, ein Examen, die Ankunft einer schlimmen oder unangenehmen Nachricht, oder ein Unfall oder Unglücksfall.

AUS DER THERAPEUTISCHEN PRAXIS

"Ich lasse meine Patienten *Rescue Remedy*, das ich in warmes Wasser gegeben habe, schluckweise trinken, und es scheint sie immer zu beruhigen. Ein besonders schwieriger Patient, der schon zahlreiche Beruhigungsmittel verschrieben bekommen hatte, ohne daß sie viel nützten, erzählte mir von seiner Erfahrung mit *Rescue Remedy*. Er sagte, daß das Notfallmittel ihm geholfen hatte, sich auf natürliche Weise ruhig und friedlich zu fühlen, und das hätte ihm mehr gebracht als alles andere, was er je für seine Nervosität versucht hatte."

Catherine R. Smith, MD,
Abingdon, Virginia, USA

"Ich verschreibe *Rescue Remedy*-Tropfen für das innere

Panikgefühl des Patienten, der die Diagnose Krebs mitgeteilt bekommt. Es hilft sowohl dem Kranken als auch seiner Familie, mit der Situation besser umzugehen. Im akuten Trauerfall sind die Notfalltropfen eine spürbare Hilfe. Ein Mann, dessen zweiunddreißigjährige Frau plötzlich gestorben war, nahm wochenlang alle zwei Stunden *Rescue Remedy* und berichtete, daß es ihm jedesmal half, seine Verzweiflung und Tränen zu überwinden. *Rescue Remedy* ist auch ein hervorragendes Stärkungsmittel für den Genesenden – besonders für ältere Menschen –, wenn man viermal am Tag [vier] Tropfen einnimmt.

D.T.H. Williams, MB, DObst, RCOG,
Chiddingfold, Surrey, England

"Kürzlich kam eine siebenunddreißigjährige Frau in die Praxis, die versuchen wollte, eine sechzehn Jahre bestehende Abhängigkeit von Valium zu beenden. Die Entzugssymptome ließen sie unter starken Muskel- und Gelenkschmerzen sowie unter Erstickungsgefühlen leiden. Die Frau hatte schon mehrere Ärzte aufgesucht, die ihr alle nicht helfen konnten. Ich empfahl ihr, es mit den Notfalltropfen zu versuchen. Nach fünf bis sechs Dosen in viertelstündlichem Abstand vor dem Schlafengehen konnte sie ungestört einschlafen. Nach zweimonatiger Einnahme von *Rescue Remedy* und beratenden Gesprächen in Krisenzeiten hatte sie ihren Valium-Konsum beträchtlich reduziert; ihre starke nervliche Anspannung und Besorgnis war wesentlich leichter. Nach weiteren Bach-Blütenmitteln und Beratungen ist sie inzwischen seit über einem Jahr frei von Valium."

Doug Lancaster, Heilpraktiker
Kingston, Ontario, Kanada

„Ein schwer depressiver achtunddreißigjähriger Mann kam zu mir zur Behandlung; er war nervös, erschöpft, eine unreine Erscheinung, und verschlimmerte seine Probleme noch, indem er zwei bis drei Päckchen Zigaretten pro Tag rauchte. Sein Selbstwertgefühl war minimal, wozu sein Empfinden, nicht genug Willenskraft zu besitzen, um die Raucherei unter Kontrolle zu bringen, nicht unwesentlich beitrug. Ich gab ihm eine Dosis *Rescue Remedy* zu Beginn unserer Sitzung, und die nächsten drei Stunden blieb er ruhig sitzen, ohne nach einer Zigarette zu greifen. Er sagte, das sei seit Jahren das erste Mal, daß er kein Verlangen hatte zu rauchen ... [Später berichtete er, daß er nach unserem Gespräch *Rescue Remedy* eingenommen hatte,] und nach kurzer Zeit war sein Selbstwertgefühl sehr gewachsen, und er fühlte sich wesentlich wohler als früher.

Loretta Hilsher, PhD, DN
Präsidentin und Gründerin des
Instituts für hyperaktive Kinder
in Chicago, Illinois, USA

"In unserer Praxis haben wir bei jedem Behandlungsplatz ein Fläschchen *Rescue Remedy.* Vor jeder Spritze oder einer anstrengenden Behandlung geben wir den Patienten ein paar Tropfen daraus. Wie erklären ihnen, daß die Notfalltropfen ein hilfreiches, pflanzliches Mittel ohne Nebenwirkungen sind. Wir finden, daß *Rescue Re-*

medy die Widerstandskraft des Patienten gegen Streß steigert, während es zugleich einen starken, beruhigenden Einfluß ausübt. Wir haben es auch zur Gewohnheit werden lassen, jedem Patienten ein Fläschchen Notfalltropfen anzubieten, den wir an einen Kieferchirurgen oder zur Zahnmarksbehandlung weiterüberweisen.

Jerry Mittelman, DDS
New York City, New York, USA

"Ich hatte eine Geigerin in Behandlung, die unter starkem Lampenfieber litt und vor jedem Konzert das Gefühl hatte, daß es so nicht weiterginge. Ich gab ihr *Rescue Remedy* mit, das sie vor Betreten des Podiums einnehmen sollte, und jetzt sagt sie, daß sie ihre Auftritte regelrecht genösse.

Eine andere Musikerin – sie spielt Flöte – gab an, daß sie sich schon zwei Wochen vor einer Aufführung anspannte. Eine Zeitlang fielen ihr Auftritte leichter, als sie in den Tagen vor den Konzerten regelmäßig Notfalltropfen einnahm, und sie empfand ihre Arbeit als aufregend erfreulich. Inzwischen braucht sie nur noch wenige Tröpfchen *Rescue Remedy* vor einem Auftritt, und genießt ihre Konzerte mehr denn je."

Jeff Migdow, MD,
Kripalu Center, Lenox, Massachusetts, USA

"Ein neunundvierzigjähriger Klient ging durch einen traumatischen Scheidungsprozeß, verlor seine Arztpraxis und war nun psychisch und körperlich gebrochen. Obschon verschiedene Behandlungsmethoden ihm geholfen haben, hat er doch immer noch Phasen, in denen er sehr unruhig und emotional unausgeglichen ist. In solchen Zeiten steigert *Rescue Remedy* seine Fähigkeit, sein Tagwerk gut zu verrichten.

David Winston, Ernährungsberater,
Franklin Park, New Jersey, USA

ERFAHRUNGEN PRIVATER VERWENDER

Vor einem Monat krachte meine Schwester mit ihrem neuen VW in einen Coca-Cola-Lastwagen. Ich erhielt einen Anruf aus dem Krankenhaus und war daraufhin sehr aufgeregt und zitterte. Ich nahm sofort vier Tropfen *Rescue Remedy.* Da hörte das Zittern auf, und ich konnte mich auf das Wohl meiner Schwester konzentrieren.

Als ich in der Klinik ankam, stellte ich fest, daß meine Schwester mehrere Schnittwunden und Quetschungen hatte, aber psychisch am Ende war. Sie weinte und wurde hysterisch, machte sich Sorgen um die Vorwürfe unserer Eltern und den noch nicht abbezahlten Wagen. Ich gab ihr eine Dosis *Rescue Remedy,* und sie hörte sofort auf zu weinen. Sie atmete tief durch, entspannte sich dann und schloß die Augen. Als sie nach einer Viertelstunde wieder unruhig wurde, gab ich ihr noch einmal vier Tropfen. So ging es anderthalb Stunden lang weiter.

Meine Schwester wurde aus dem Krankenhaus entlassen; sie lachte und war wieder ganz die Alte. Danach brauchte sie die Notfalltropfen nicht mehr, und innerhalb einer Woche waren die Verletzungen und Quetschungen vollkommen verheilt.

New Mexico, USA

Vor ein paar Wochen brannte hier die Bäckerei aus. Als meine Freundin, die Tür an Tür mit dem Bäcker wohnt, nach nebenan ging um zu sehen, ob sie etwas helfen könnte, fand sie die Frau des Bäckers in einem schweren Schockzustand vor. Meine Freundin gab ihr sofort zwei oder drei Dosen *Rescue Remedy*; und kurz darauf war die Frau wieder wohlauf. Die Farbe war ihr ins Gesicht zurückgekehrt, und sie zeigte keinerlei Anzeichen der Erschütterung mehr.

Ascot, England

Ein japanischer Passagier, der bei einem Flug vor kurzem neben uns saß, war allem Anschein nach völlig verängstigt. Zusammengekrümmt hing er in seinem Sitz, hatte die Hände vors Gesicht gepreßt und sein Essen gar nicht angerührt. Wir gaben ihm ein paar Tropfen *Rescue Remedy* in Wasser, und er entspannte sich fast noch im selben Augenblick; kurz darauf schlief er ein. Nach langer Zeit wachte er wieder auf, und aß mit Vergnügen die nächste Mahlzeit. Da er nicht englisch sprach, dankte er uns mit Vermittlung einer Stewardess herzlich für die 'besondere Medizin'.

Australien

Ich bin Krankenschwester und arbeite in einer psychiatrischen Anstalt. Im Februar 1981 begann ich, *Rescue Remedy* regelmäßig einzunehmen, als ich als Assistenzschwester sehr unter Streß stand. Damals war ich kurz vor einem Nervenzusammenbruch und litt unter dem, was später als Nebennieren-Erschöpfung und Hypoglykämie diagnostiziert wurde. Neben meiner Schlaflosigkeit und Depressivität war ich mehrere Male lang äußerst furchtsam und von Panikgefühlen beherrscht, sobald der Blutzuckerspiegel schwankte. Ich nahm seinerzeit häufig *Rescue Remedy,* um diese Panikgefühle und Ängste zu lindern. Es schien mich sowohl körperlich als auch seelisch zu stabilisieren. Darüber hinaus habe ich das Gefühl, daß die Notfalltropfen für mein inneres Wachstum und Reifen von unschätzbarer Hilfe waren und mir ein weiteres Verstehen und Selbstgewahrsein in einigen harten Abschnitten meines Lebens vermittelten.

Fort Wayne, Indiana, USA

Mein mittlerweile sechsjähriger Sohn war ein mageres, emotionales Kind, mal sehr süß und verständig, dann aber wieder ein Schrecken für die ganze Familie. Empfindlich und sensitiv, wie er war, brüllte er manchmal wegen der geringsten Kleinigkeit ausgiebig. Ich bestellte *Rescue Remedy*-Tropfen, und als er das nächste Mal seinen Anfall hatte, gab ich ihm vier Tropfen. Innerhalb von fünf Minuten – wir konnten es genau beobachten – beruhigte er sich; seine Gesichtszüge wurden friedlich und harmonisch, und sein Verhalten veränderte sich so drastisch, daß mein Vierzehnjähriger rief: "Wenn das bei dem so wirkt, dann will ich auch davon haben!"

Montgomery, Texas, USA

Kürzlich mußten wir einen Schneidezahn unserer dreijährigen Tochter füllen lassen. Wir gaben ihr vor dem Gang zum Zahnarzt eine Dosis *Rescue Remedy.* Meine

Frau und der Arzt waren verblüfft, wie ruhig und auf-merksam die Kleine während der ganzen Behandlung war. Selbst als der Zahnarzt den Bohrer gebrauchte, wimmerte oder weinte unsere Tochter nicht einmal.

Mount Shasta, Kalifornien, USA

Vor kurzem waren zwei Leute aus meinem Freund-schaftskreis in einer ähnlichen Situation; beide trennten sich von ihren Gefährten, was sie gefühlsmäßig und see-lisch sehr stark belastete. Ich gab jedem ein Fläschchen *Rescue Remedy* und hieß sie, täglich daraus einzuneh-men. Später berichteten beide, daß sie sich viel ruhiger fühlten, und daß ihnen das Mittel in ihrer schweren Zeit sehr gut geholfen hatte.

San Diego, Kalifornien, USA

Freunde von mir rangen sich zu dem schweren Ent-schluß durch, sich scheiden zu lassen. Als sie ihrem zwölfjährigen Sohn davon Mitteilung machten, war die-ser äußerst erschüttert. Er lief in der Wohnung herum, schrie und weinte, schlug gegen die Wände und Möbel. Seine Mutter gab ihm mehrere Dosen *Rescue Remedy,* und innerhalb von zwanzig Minuten beruhigte er sich und konnte vernünftig über die Situation sprechen.

Albuquerque, New Mexico, USA

Ein junges Indianer-Mädchen, das durch ihre erste Menstruationsblutung in Angst und Schrecken versetzt wurde, war völlig verstört, nachdem eine Freundin sie auslachte und sagte, sie sollte sich schämen, daß sie blutete. Zwei Wochen lang saß das Mädchen in einer dunklen Ecke, weinte und lehnte es ab, mit irgendjemandem zu sprechen; nicht einmal bei ihrer Mutter machte sie eine Ausnahme. Die Ärzte behandelten das Mädchen mit Vitaminen und Beruhigungsmitteln, aber nichts schien ihr zu helfen.

Als ich dazukam, hatte ich zum Glück meine kleine Flasche mit Notfalltropfen bei mir, und da die Mutter alles Vertrauen in die bisher aufgebotenen Behandlungsweisen verloren hatte, war sie bereit, *Rescue Remedy* eine Chance zu geben. Nach dem ersten Tag sprach das Mädchen wieder. Am vierten Tag nach Beginn der Behandlung mit *Rescue Remedy* war sie wieder völlig ausgeglichen; sie weinte nicht mehr und sagte auch, daß sie sich nicht mehr fürchtete.

Honduras

Vor kurzem zog ich aus der Vorstadt in mein Traumhaus in den Bergen um. Während des Umzugs gelangte ich an die Grenzen meiner Möglichkeiten und Kräfte: Erschöpfung, finanzielles Fiasko, Verwirrung, nackte Angst – und dazwischen noch ein unbeschreibliches Gefühl von Freude und Glück. Nahe dem völligen Nervenzusammenbruch begann ich, alle fünf Minuten Notfalltropfen einzunehmen. Binnen kurzer Zeit war es mir, als hätte ich Zugang zu einer gewaltigen Kraftreserve, von der ich bisher nie etwas gewußt hatte. Meine Gefühle wurden ausgeglichener, und ich spürte eine innere Ruhe und neue Selbstkontrolle wachsen.

Santa Barbara, Kalifornien, USA

Während ich an einem intensiven fünftägigen Bewußt-
seinserweiterungsprogramm teilnahm, fühlte ich mich
sehr gestreßt. Darüber hinaus dauerten die Sitzungen
von früh morgens bis spät in die Nacht, und man kam
nur zu sehr wenig Schlaf. Ich beschloß, es mit *Rescue
Remedy* zu versuchen, und nachdem ich ungefähr drei
Tage lang regelmäßig Notfalltropfen eingenommen
hatte, spürte ich ein Wohlgefühl, das mich überraschte.
Das Mittel half mir eindeutig, meine Emotionen in einem besonders harten Abschnitt meines Lebens zu stabilisieren.

Philadelphia, Pennsylvania, USA

In der Regel bin ich schrecklich nervös, wenn ich in der
Öffentlichkeit sprechen muß. Aber mein letzter Vortrag
war mir ein wunderbares Erlebnis. Ich nahm an jenem
Tage gleich nach dem Aufwachen eine Dosis *Rescue Remedy,* eine weitere zur Mittagszeit, und noch eine kurz
bevor ich auf das Podium stieg. Zu meiner Überraschung und Freude hatte ich weder trockene Lippen
noch eine Unruhe in der Magengrube oder auch nur die
geringste Unsicherheit oder Angst.

Sussex, England

Meine ganze Familie nahm während des ersten Monats
nach dem Tode meiner Mutter täglich *Rescue Remedy.*
Das änderte nichts daran, daß wir trauerten, aber wir
konnten mit ihrem Tod als einer Tatsache umgehen und
leichter akzeptieren, was geschehen war.

Newton Corner, Massachusetts, USA

Die Notfalltropfen brachten mir oft die rettende Hilfe. Doch meine Lieblingsgeschichte aus den Erfahrungen mit *Rescue Remedy* begab sich, als mein neuer Wagen gestohlen wurde. Ich war gerade an einer Tankstelle und bezahlte für das getankte Benzin, als zwei Burschen in meinen Wagen sprangen und damit fortfuhren. Meine Handtasche war zusammen mit dem Fläschchen *Rescue Remedy* auf dem Beifahrersitz gelegen. Als ich da stand und ebenso schockiert wie verwirrt war, regte ich mich auf, als ich merkte, daß sie mir meine Notfalltropfen entführt hatten, die ich doch so nötig brauchte!

Miami, Florida, USA

Ich bin nicht nur Ernährungswissenschaftlerin, sondern darüber hinaus auch Schauspielerin und arbeite gerade an einer neuen Show. Am Ende der zweiten Szene habe ich eine höchst emotionale Darbietung zu geben, auf die unmittelbar eine Szene folgt, die mich vier Tage danach zeigt, wenn ich glücklich und sorgenfrei bin. *Rescue Remedy* ist das einzige Mittel, was mich in dem kurzen Übergang zwischen den beiden Szenen beruhigt. Ich gehe auf der einen Seite der Bühne ab, bebend und heulend, gehe hinter den Kulissen auf die andere Seite hinüber, durch meine Garderobe, nehme meine Notfalltropfen und atme dreimal tief durch, und betrete die nächste Szene, entspannt und glücklich.

New York City, New York, USA

Meine Wohnungsgefährtin und ich sind beide Polizistinnen. Einmal befragten wir ein Vergewaltigungsopfer, das große Schwierigkeiten hatte, Einzelheiten des gerade erlittenen Traumas zu Protokoll zu geben. Meine Partnerin gab ihr ein paar Tropfen *Rescue Remedy*, und fast augenblicklich trat eine Veränderung ein. Die geschilderten Erlebnisse fügten sich zu einer zusammenhängenden Folge zusammen, wir kamen zu einer hervorragenden Aussage, und die genaue Täterbeschreibung, die die Frau uns geben konnte, ermöglichte die Festnahme des Täters kurz darauf.

Victoria, Australien

Einer meiner zwölfjährigen Schüler stand bei unserer Schulfußballmannschaft im Tor. Vor jedem Spiel war er recht aufgeregt und nervös, weil die anderen Jungen ihn hänseln würden, falls er einen Ball durchließe. Wenn auch etwas skeptisch, willigte er schließlich ein, zwei Stunden vor unserem nächsten Spiel etwas *Rescue Remedy* zu schlucken. Am nächsten Tag war ich begeistert, als dieses sehr skeptische Kind, grinsend von einem Ohr zum anderen, vor der ganzen Klasse verkündete: "Ihr Zaubertrunk ist prima; ich war überhaupt nicht nervös, nicht einmal, als ich den Ball nicht gehalten habe."

London, England

Meine Kinder nehmen vor ihren Prüfungen im College *Rescue Remedy*, und auch jedesmal, wenn sie auf der Bühne etwas vorzutragen haben, um ihr Lampenfieber und die Nervosität auszuschalten. Ich nehme es vor dem Meditieren; es hilft mir, meine Anspannung zu lösen, zu entspannen und mein Meditationserlebnis zu vertiefen.

New York City, New York, USA

In dem Hotel, in dem ich mich auf der Insel Iona aufhielt, hatte ich mit den Bach-Blütenmitteln großen Erfolg, besonders mit den Notfalltropfen. Vier Gäste kamen recht mitgenommen ins Haus, die an Erschöpfung und Auskühlung litten, nachdem der Motor ihres Bootes in einem Sturm seinen Dienst aufgab. Ich konnte zwei von den Leuten *Rescue Remedy* geben, und es war erstaunlich, wie rasch sie sich erholten. Innerhalb von Stunden waren sie ruhig, während die beiden anderen armen Seelen noch zwei oder drei Tage im Bett bleiben mußten.

Iona, Schottland

Zwei Kinder hatten ihre Mutter durch die Krebskrankheit verloren. Das kleine war vier, das ältere Kind acht Jahre alt. Nach der Beerdigung beklagte ihr Vater, daß das ältere Mädchen sich plötzlich vor Dunkelheit fürchtete und keine Nacht ohne Bettnässen durchschlafen könnte, was ganz ungewöhnlich für sie war. Sie hatte drei bis vier Mal in der Woche Alpträume und machte ihrem Vater große Sorgen. Ihre jüngere Schwester weinte auch unaufhörlich und hatte Alpträume. Ich gab beiden Kindern Notfalltropfen.
Darüber hinaus empfahl ich dem Vater, beiden jedesmal, wenn sie nachts erwachten, vier Tropfen *Rescue Remedy* zu geben, außerdem vor jeder Mahlzeit im Laufe des Tages. Innerhalb von drei Tagen gab es kein Bettnässen mehr, und beide Kinder schliefen friedlich.

Santa Fe, New Mexico, USA

Während eines Treffens in unserem städtischen Gesundheitszentrum fingen sieben oder acht Kinder, die alle einander nicht kannten, zu streiten und zu schreien an, und ihre Mütter reagierten mit ärgerlichen Vorhaltungen und Ohrfeigen. In dem Versuch, den Tumult zu besänftigen, gab ich jedem eine Dosis Notfalltropfen. Innerhalb weniger Minuten waren Frieden und Harmonie wiederhergestellt.

Chicago, Illinois, USA

Ich beobachtete eine Frau, die vor der Intensivstation wartete, in der ihre Mutter im Sterben lag. Die Frau war halbwegs in einem Schockzustand, sehr besorgt und verfroren. Ich gab ihr ein kleines Fläschchen *Rescue Remedy* und sagte ihr, wie die Tropfen einzunehmen sind. Sie nahm gleich davon, und es schien sie darauf zu entspannen; sie schien die Situation etwas ruhiger zu akzeptieren.

Salisbury, North Carolina, USA

Ich nahm von den Notfalltropfen vor einem Examen, und es hat mir meines Erachtens hervorragend geholfen. Normalerweise vergeude ich in Prüfungen dieser Art sehr viel Zeit mit dem Abwägen und Entscheiden, welche Fragen ich beantworten und was ich schreiben würde. Aber diesesmal konnte ich rasch schreiben, und ich fühlte mich ganz wach und ruhig.

England

Einige ernste private Probleme verursachten bei mir fast täglich aufkommende Anfälle von Unruhe und Beklemmung. Diese Attacken wurden zweifellos dadurch noch verschlimmert, daß ich das Rauchen aufgab. Um der Unruhe Herr zu werden, fing ich an, Tranquillizer zu nehmen, die ich ein Jahr lang immer wieder schluckte und immer wieder absetzte. Auch hatte ich seit zwei Jahren Schwindelanfälle, deren Ursache kein Arzt feststellen konnte. Der Tag jedoch, an dem ich zum ersten Mal *Rescue Remedy* nahm, war der letzte Tag, an dem ich eine Beruhigungspille brauchte. Als ich weiterhin die Notfalltropfen einnahm, ließen meine Beklemmungsanfälle allmählich nach, bis sie am Ende ganz verschwanden, desgleichen auch die Schwindelanfälle.

New York City, New York, USA

Schwangerschaft und Entbindung –
Berichte von Behandlern
und privaten Verbrauchern

Die Bach-Blütenmittel können während der ganzen Schwangerschaft wie auch bei der Entbindung eine besondere Hilfe sein, da in diesen Zeiten die Stimmung der werdenden Mutter mehr als gewöhnlich Schwankungen unterworfen ist. Da die verschiedenen Stimmungen gut zu unterscheiden sind, können sie von der werdenden Mutter selbst oder einem anderen, der sich in der Verwendung der Bach-Blütenmittel auskennt, behandelt werden. Eine ruhige, glückliche Verfassung ist mit das Wichtigste für eine schmerzlose und leichte Entbindung. Zusätzlich zur Einnahme der Notfalltropfen kann man auch die *Rescue Remedy*-Creme äußerlich einreiben – an Handgelenken, Schläfen, und um den Nabel des Neugeborenen, wenn und wie es notwendig ist.

Die Bach-Blütenmittel wie auch *Rescue Remedy* haben sich als besonders geeignet zur Behandlung der emotionalen Schwierigkeiten von Kindern erwiesen – zum Beispiel Angst und Unruhe –, und können so bei rechtzeitiger Anwendung der Herausbildung komplexerer Störungen und Krankheitsbilder vorbeugen.

Darüber hinaus schreibt Dr. John Diamond, ein Psychiater und gut bekannter Autor, in seiner Einführung zu dem *Handbook of the Bach Flower Remedies* von Philip Chancellor: "Die Bach-Blütenmittel bergen ungeheure Möglichkeiten zum Guten, und sie sind vollkommen frei von allen schädlichen Wirkungen." Das ist besonders wichtig, weil viele Substanzen, die heutzutage zur Behandlung emotionaler Schwierigkeiten allgemein in Gebrauch sind, von Warnhinweisen vor wiederholter Einnahme und zu hoher Dosierung begleitet sind.

Aufgrund neuer Bestimmungen der F.D.A. (Food and Drug Administration, eine Abteilung der US-Bundesbehörde, deren Aufgabe es ist, die Volksgesundheit zu erhalten; Anm. d. Ü.) müssen auf den meisten frei verkäuflichen Medikamenten – unabhängig von ihrer Gefährlichkeit – Warnhinweise für schwangere Frauen angebracht sein: *Es ist wichtig, daß Sie jegliche Einnahme von Medikamenten während der Schwangerschaft mit Ihrem Arzt abklären.* In den fünfzig Jahren, die die Bach-Blütenmittel und damit auch *Rescue Remedy* nun in Gebrauch sind, wurden jedoch keinerlei Nebenwirkungen bekannt.

AUS DER THERAPEUTISCHEN PRAXIS
"Unser Krankenhausarzt hatte alles, was er konnte, für ein sechs Wochen altes Baby getan, dessen Gesundheitszustand immer schlechter wurde; die Ursache seiner Krankheit konnte er nicht herausfinden. Nach meinen Erfahrungen in Notfällen beschloß ich, dem Säugling Bachs *Rescue Remedy* zu geben, und die Wirkung war bemerkenswert. Von dem Augenblick der Einnahme an wendete sich der Zustand der Kleinen drastisch zum Positiven. Der Arzt konnte es kaum glauben, als schon nach einer Woche die Gesundheit des Säuglings einen gefestigten Eindruck machte."

Schwester Natalie
Vorsteherin im St. John's Hospital, Poona, Indien

"Während ich eine vierunddreißigjährige Frau betreute, die im zweiten Stadium der Wehen war, setzten sehr starke Kontraktionen ein. Das Gerät zur Pulsüberwachung des Ungeborenen zeigte an, daß dieses in Bedrängnis kam. Die Patientin wurde allmählich hysterisch, und wir machten uns Gedanken über einen Kaiserschnitt. Ich gab der Frau innerhalb einer Viertelstunde dreimal Notfalltropfen mit Hilfe eines Läppchens auf die Lippen. Da beruhigte sich der rasende Puls des Babys, die starken Kontraktionen ließen nach, und der ganze Wehenvorgang kam für zwei Stunden zum Stillstand. Die Frau konnte sich entspannen und sogar richtig schlafen. Als sie wieder erwachte, setzten die Wehen von neuem ein, und wir hatten eine normale Entbindung ohne weitere Komplikationen."

Ein anderer Fall: "Ich überwachte eine Hausgeburt; das Kind hatte die Nabelschnur zweimal um den Hals gewunden. Da die Nabelschnur zu sehr spannte, wurde es notwendig, daß wir sie durchtrennten und sofort abklemmten. Das Kind atmete nicht, gab kaum Lebenszeichen von sich, und seine Hautfarbe war bedenklich. Wir rieben ihm *Rescue Remedy* über das Gesichtchen. Kurz darauf – auch wenn es wie eine Ewigkeit erschien –, fing der kleine Junge an zu atmen, und die anderen Lebenszeichen und normalen Reaktionen ließen nicht viel länger auf sich warten."

Gretchen Lawlor, ND,
Tunbridge Wells, England

"Kürzlich wurde ich ins Krankenhaus gerufen, wo eine meiner Patientinnen unmittelbar vor den Wehen eine

Reihe von Krämpfen hatte. Als ich ankam, betupfte ich sofort ihre Zunge und die Innenseite der Lippen mit *Rescue Remedy.* Die Krämpfe hörten auf, und ich ließ ihr noch ein Glas Wasser mit Notfalltropfen zurück. Diese Behandlung setzte ich am nächsten Tag und dem Morgen danach fort. Später an diesem Tage wurde meine Patientin ohne irgendwelche Komplikationen entbunden."

Dr. T. L.,
Northampton, England

"Ein fünfzehn Monate altes Mädchen mit hohem Fieber wurde mir vor kurzem zur Behandlung gebracht. Ich rieb ihr an verschiedenen Stellen des Körpers *Rescue Remedy*-Creme ein, und innerhalb von dreißig Minuten war sie fest eingeschlafen, und das Fieber verging. Nach zwei Tagen war sie wieder vollkommen genesen. Ich habe *Rescue Remedy* als Tropfen und als Creme in ähnlichen Fällen hohen Fiebers bei kleinen Kindern eingesetzt und konnte immer gute Erfolge damit verzeichnen."

Ahmaed bin Embun, Heilpraktiker,
Singapur, Malaysia

"Neulich betreute ich eine einundzwanzigjährige Frau, die im Londoner West-Krankenhaus mit ihrem ersten Kind in Wehen lag. Da sie recht aufgeregt war, gab ich ihr eine Dosis *Rescue Remedy,* um sie während des zweiten Stadiums zu beruhigen, vor allem natürlich für die Austreibungsphase. Sie hatte eine ungewöhnlich leichte Entbindung ohne irgendwelche Komplikationen, was ich den Notfalltropfen zuschreibe."

Sarah Moon, BAc,
London, England

"Gleich, nachdem ihre Tochter geboren war, verlor meine Patientin fast das Bewußtsein. Da es zu Komplikationen und einem hohen Blutverlust gekommen war, gab ich ihr eine Dosis *Rescue Remedy,* was sie innerhalb weniger Augenblicke wieder zu klarem Bewußtsein zurückkommen ließ. Es war geradezu atemberaubend, wie rasch sie sich erholte."

G.S. Khalsa, MD,
Lathrup Village, Michigan, USA

"Eine einunddreißigjährige Patientin von mir wünschte sich eine natürliche Entbindung, aber inzwischen war der errechnete Termin schon zwei Wochen verstrichen. Sie wurde ins Krankenhaus aufgenommen, wo man die Geburt einleiten wollte. Das regte sie auf. Sie hatte Schmerzen im unteren Rückenbereich; sie war ängstlich und machte sich Vorwürfe, daß sie ihr Kind nicht zu Hause zur Welt bringen könnte. Ich gab ihr fünf Tropfen *Rescue Remedy* in warmem Wasser. Das bewirkte eine sofortige, drastische Veränderung, und sie sagte: "Ich werde das bestimmt schaffen." Plötzlich war sie ganz klar, und innerhalb von drei Stunden war ihr erstes Kind geboren."

Lorraine Taylor, BAc,
Oxford, England

"Kürzlich gab ich einer jungen Frau, deren Wehentätigkeit gerade eingesetzt hatte, Notfalltropfen. Sie war sehr nervös, aber nach einigen Schlucken Wasser, in das ich *Rescue Remedy* getropft hatte, wurde sie deutlich ruhiger. Nach zehn Minuten wurden die Wehen regelmäßig, und die Eröffnungsphase machte gute Fortschritte. Innerhalb von zwei Stunden brachte sie sehr entspannt und normal ihr Kind zur Welt. Auch als Vorbeugung gegen die Wochenbett-Depressionen gibt es nichts, was *Rescue Remedy* gleichkäme."

E. Eckstein, RMH,
England

ERFAHRUNGEN PRIVATER VERWENDER

Folgenden Brief erhielt John Ramsell, der zusammen mit seiner Schwester, Nickie Murray, das Werk Dr. Edward Bachs als Verwalter des Bach Centres in England weiterführt. Der Brief wurde schließlich in der Zeitschrift *Mothering* (Ausgabe vom Frühjahr 1983) veröffentlicht, und wird hier mit Genehmigung seiner Verfasserin abgedruckt. Er ist das sehr bewegende Zeugnis des mutigen Kampfes einer Mutter um ihr Kind und soll dem Leser an dieser Stelle die Möglichkeit geben, die Erfahrungen der Frau kennenzulernen. Weder der Verfasser noch die Verleger dieses Buches stellen irgendwelche Behauptungen bezüglich der medizinischen Wirksamkeit der Bach-Blütenmittel oder von *Rescue Remedy* beim Down-Syndrom *) oder irgendeines anderen schwerwiegenden medizinischen Befundes auf.

*) Mongolismus; Anm. d. Ü.

"Lieber John Ramsell,

Ich wußte, daß ich Ihnen eine Geschichte zu berichten hätte, aber ich hatte keine Vorstellung davon, daß sie so dramatisch würde. Vielleicht legen Sie einfach die Füße auf einen jener wunderbaren Stühle hoch, die Dr. Edward Bach gebaut hat, um folgendes zu lesen.

Ich habe mir an dem Tag, an dem die Wehen begannen acht 1-Unzen-Tropffläschchen *) mit meinen liebsten Bach-Blütenmitteln – *Rescue Remedy,* Walnut, Mimulus und Oak – hergerichtet. Ich nahm daraus regelmäßig auf die Zunge, und gab auch vier oder fünf Tropfen auf meinen Scheitel für alle Fälle. Der Muttermund war fast 10 cm weit geöffnet, als die Wehen aufhörten ... sechsunddreißig lange, lange Stunden später.

Da ich eine Hausgeburt geplant hatte, hielt ich mich zur Stunde auch noch zu Hause auf. Bald hatte ich den Eindruck, daß der Sohn, den ich noch in mir trug, aus eigenem Recht nicht sicher war, sonst wäre er schon geboren. Ich nahm meine Tasche und machte mich mit meinem Mann, meinen Hebammen, meinen Blütenmitteln und dem Baby im Bauch auf den Weg zur Klinik. Ich steckte mir noch rasch ein Fläschchen Comfrey **) und Chlorophyll in den Medizin-Beutel und dachte, damit wohl gerüstet zu sein.

Als ich in der Klinik ankam, hatte ich gleich an der Pforte eine sehr starke Wehe, und die Frau dort rief: "Wollen Sie Ihr Baby unbedingt hier bekommen? Gleich jetzt? Setzen Sie sich in einen Rollstuhl und nehmen Sie den Personalaufzug, der ist schneller!"

---

*) 1 Unce = ca. 30 ml (Anm. d. Ü.)
**) Symphytum officinale, Beinwell (Anm. d. Ü.)

Ein Monitor zeigte an, daß Baby Anton Schwierigkeiten hatte - man stelle sich vor, mit dem Kopf sechsunddreißig Stunden lang in einem Gebärmutterhals zu stecken! –, und wir machten uns auf einen Kaiserschnitt gefaßt. Um 21 Uhr wurde die Schnittentbindung vorgenommen – acht weitere lange Stunden später.

Das Mittel, das ich weiterhin – vor den Augen aller anwesenden Ärzte und Schwestern – alle drei Minuten einnahm, weckte die Neugier der Beobachter. Als mein Arzt mich fragte, was ich so gewissenhaft einnähme, sagte ich ihm, es sei ein Mittel für die Ungeduld. Er lachte und gestand mir, daß er vermutlich auch etwas davon vertragen könnte, aber er bat mich nie um eine Dosis.

Baby Anton kam zum Vorschein, unter schwierigen Umständen. Seine Lungenkapazität war kaum vorhanden, und nachdem am Morgen bereits die Fruchtblase geplatzt war, hatte er Mekonium (Kindspech, Darminhalt des noch nicht geborenen Kindes) geschluckt. Das Herz war vergrößert, um den Knaben am Leben zu halten. Er bekam sofort 100%igen Sauerstoff und sah aus, als wollte er am liebsten zu den Engeln zurück.

Nachdem ich mich ungefähr zehn Minuten erholt hatte, teilte uns der Kinderarzt mit, daß unser Sohn mongoloid sei. Darüber hinaus hätte er viele organische Probleme und wohl nur zwei Stunden zu leben. Ob wir ihn sehen wollten? Ja. Ob wir auf Anraten des Arztes Vorbereitungen für eine Beerdigung trafen? Ja, auch das taten wir. Vor allem weinten wir fast die ganze Zeit; es war einfach etwas zuviel für uns, trotz der Blütenmittel. Ich bat meinen Mann, nach Hause zu fahren, und alle achtunddreißig Bach-Blütenmittel zu holen. Dann tropfte ich noch etwas Gorse [bei Hoffnungslosigkeit...] in unser Fläsch-chen, und das nahmen wir beide ununterbrochen. Bald wurden wir ruhiger.

Ich wurde per Rollstuhl in die Kinder-Intensivstation ge-fahren, wo ich jedoch nach meiner Bauchoperation nicht bis zum Kopf meines Kindes reichen konnte. Ich bat meinen Mann, von den Bach-Blüten Oak, Walnut und *Rescue Remedy* auf seine (des Sohnes) Knie, Füße und Brust zu geben – zwischen die EKG-Drähte und Ka-theterschläuche. Wenn unser Sohn sterben sollte, dann sollte sein Hinübergehen friedvoll sein. Ich wußte, daß die Eigenschaften der Blüte Walnut ihm bei seinem Übergang helfen würden. Den Schwestern sagten wir, es sei Weihwasser. Obwohl es außergewöhnliche Frauen waren, schätzte ich doch die Chancen, daß sie von den Bach-Blüten wußten, auf zehn zu eins. Ich fühlte mich zu schwach, um Erklärungen zu geben.

Die Kinderärzte sagten, sie würden Anton in ein großes Krankenhaus, hundert Kilometer entfernt, bringen. Dort wären sie "besser ausgerüstet", um sein Leben zu retten, falls es tatsächlich zu retten wäre. Vermutlich wäre auch eine Herzoperation notwendig. Jack und ich sagten Nein, ein Nein zu beidem ... Wenn Klein-Anton leben sollte, dann müßte er es schaffen, wo er geboren wurde, hier in dieser kleinen Stadt in den Bergen.

Jene Nacht blieb ich bei ihm auf der Intensivstation und streckte die Hand in sein Sauerstoffzelt, voll Todesangst, daß er sterben könnte, wenn ich es öffnete. Ich fütterte ihm mein Blütenmittel, das jetzt seines war, mit einer Pi-pette. Er war so ausgetrocknet, daß er es mit aller Be-geisterung, die er aufbringen konnte, in sich hinein-schlürfte. Alle zehn Minuten gab ich ihm sein Tröpfchen:

auf Knie, Mund und den Scheitel seines mißgestalteten Kopfes. Das tat ich vierundzwanzig Stunden lang. Die Schwestern von der Entbindungsstation hielten ihn warm und trocken und möglichst unbehelligt von all den Kabeln und Schläuchen. Dann ging ich schlafen. Als ich, acht Stunden später, am nächsten Tage erwachte, hörte ich – wie ich mich undeutlich erinnere – den Arzt sagen, daß die Krise nun überstanden schien. Dann setzten wir ein intensives Stimulationsprogramm ein. Schon bald konnte ich meinen Sohn unterm Sauerstoff-Gebläse zwischen all den Drähten halten. Er saugte kräftig und wurde nach sechs oder sieben Tagen gestillt. Tröpfchenweise brauchten wir während der zehn Tage in der Intensivstation sechs Unzen-Fläschchen Blütenmittel auf. Die Sauerstoff-Versorgung wurde allmählich von 100 % auf den normalen Luftsauerstoffgehalt reduziert. Meiner Milch setzte ich Beinwell-Tinktur und Chlorophyll hinzu. Babys Haut wurde alle zwölf Stunden drei- bis viermal mit einem Aloe-Gel eingerieben. Er war schon drei Wochen übertragen gewesen, und er sah aus, als hätte er die ganze Zeit in einer Badewanne verbracht. Sein Kopf nahm allmählich die richtige Form an. Die Haut ist prächtig. Wir haben einen Sohn. Wir verwenden weiterhin täglich die Bach-Blütenmittel. Noch einmal Dank dafür, daß Sie Bachs Werk weiterführen. In den acht Jahren, die ich nun die Bach-Blüten einsetze, bin ich nie so dankbar gewesen, daß Bach sie entdeckte. Zusammen mit meinem Dank möge Sie ein Päckchen mit Kräutertees für Sie selbst und alle Ihre Mitarbeiter und Ihre Gäste aus aller Welt erreichen."

Mit freundlichsten Grüßen,

Alexandra Kolkmeyer,

Autorin von *A Modern Woman's Herbal*
(Insight, Santa Fe/New Mexico 1976)

Da die Geburt meines ersten Kindes vor elf Jahren für mich ein so schmerzhaftes und erschreckendes Erlebnis war, wuchs meine Angst immer mehr, je näher der Geburtstermin meines zweiten Kindes rückte. Trotzdem nahm ich, einem guten Rat folgend, während der Wehen *Rescue Remedy* ein, und die Entbindung ging rasch und leicht vonstatten. Ich wurde ganz entspannt, während und nach der Geburt.

Scilly-Inseln, England

Als im Frühsommer dieses Jahres unser drittes Familienmitglied ankam, wurde mir klar, daß *Rescue Remedy* auch das Mittel der Wahl für unser Baby sein sollte. Bei Koliken wirkte und half es immer herrlich und praktisch sofort. Drei Tropfen auf einen Eßlöffel warmen Wassers wirkten Wunder.

Selsdon, England

Bevor sie ihr Baby auf die Welt brachte, nahm meine Tochter regelmäßig *Rescue Remedy,* und die Wehen dauerten nur eineinhalb Stunden. Die Schwestern sagten, sie hätten noch nie eine so schnelle und leichte Entbindung erlebt, und nannten den Neugeborenen 'Speedy Gonzales'. Meine Tochter nimmt weiter von dem Mittel und ist sehr erleichtert, daß dieses Kind – im Gegensatz zu ihrem ersten – friedlich die ganze Nacht durchschläft.

Devon, England

Ich begann mit der Einnahme von *Rescue Remedy* beim Einsetzen der Wehen auf dem Weg zur Klinik. Die Wehen kamen dann alle drei Minuten, und als ich in der Klinik ankam, war der Muttermund weit genug geöffnet, und ich konnte anfangen zu pressen. Im Kreißsaal gab mein Mann mir Notfalltropfen in Wasser. Zwischen den Wehen nahm ich genau wahr, was geschah. Selbst während der stärksten Preßwehen brauchte ich keine Schmerzmittel, und nach einer Stunde waren meine Zwillinge – zwei Jungen – geboren.

Ich war nach der Entbindung noch sechs Tage in der Klinik; in dieser Zeit nahm ich weiterhin *Rescue Remedy*, einige Tropfen in ein Glas Wasser, das ich neben dem Bett stehen hatte. Das half mir bei der Bewältigung der Aufgabe, zwei hungrige Säuglinge zu stillen. Die Ruhe und innere Stärke, die ich in jener ganzen Zeit spürte, schreibe ich Dr. Bachs *Rescue Remedy* zu.

Derbyshire, England

"Meine erste Entbindung war ein Alptraum. Ein anderes Wort gibt es dafür überhaupt nicht. Selbst die Hebamme, die mich betreute, gab zu, daß es 'eine der schwierigeren' Geburten war, die sie beobachtet hatte. ... Nein, ich hatte keine Medikamente eingenommen – und doch: Ja, ich war 'vorbereitet'. Aber worauf? Nach vierundzwanzig Stunden höllisch schmerzhafter Wehen, in denen fast keine Weitung erreicht wurde, konnte keine Atemtechnik die Qual und Erschöpfung erleichtern, unter denen ich litt ...

Als sie meine Panik spürte, zog die Hebamme eine kleine Flasche Notfalltropfen, ein Bach-Blütenmittel, aus der Tasche und träufelte mir drei oder vier Tropfen der tau-ähnlichen Flüssigkeit in den Mund...Bald darauf überkam mich eine unerwartete Woge neuer Energie und Konzentration. Nach drei langen Preßwehen kam mein Mädchen mit einem plötzlichen, warmen, nassen 'Plopp' zum Vorschein...

Wenn es [bei der zweiten Entbindung] schwierig wurde, bat ich die Hebamme um Rescue Remedy."

Olympia, Washington, USA
(Aus: *Mothering*, Frühjahr 1984)

Kürzlich empfahl ich einer jungen Frau in den ersten Wehen, Rescue Remedy einzunehmen. Sie war sehr nervös, aber nach einigen Schlucken Wasser, in das die Notfalltropfen gegeben waren, beruhigte sie sich beträchtlich. Nach zehn Minuten wurden ihre Wehen regelmäßig und sie machte gute Fortschritte. Nach zwei Stunden gebar sie ihr Kind ganz entspannt und normal. Auch als Vorbeugungsmittel gegen die Wochenbettdepression gibt es nichts besseres als Rescue Remedy.

England

Ich war erst zehn Wochen schwanger, als es zu einer Fehlgeburt kam. Ich begann so stark zu bluten, daß ich fast ohnmächtig wurde. Alles, was ich noch sagen konnte, war: „Bring die Notfalltropfen vom Regal!" Ich nahm davon alle paar Minuten, bis ich wieder kräftig genug war, um ärztliche Hilfe zu besorgen. Die Blutung ließ etwas nach, und ich konnte einigermaßen stabilisiert in die Klinik fahren. Rescue Remedy wird in meiner

Wohnung immer für etwaige Notfälle in Reichweite stehen.

New South Wales, Australien

Nachdem es in der Familie erst kurz zuvor zu einem Trauerfall gekommen war, wurde meine Belastung noch vergrößert durch eine Eileiterschwangerschaft, die abgegangen ist. Darauf folgte die operative Entfernung des verletzten Eileiters und Eierstocks. In jener Zeit war Rescue Remedy das einzige, was mir [emotional] Halt gab. Kurz nach meiner Rückkehr aus dem Krankenhaus begann meine Ehe auseinanderzugehen, und wieder erwies Rescue Remedy sich als unschätzbare Hilfe in der schwierigen Situation.

Ich habe alle Bach-Blütenmittel verwendet, und sie haben eine wichtige Rolle gespielt und mir geholfen, all die Veränderungen zu bewältigen, die mir das Leben gebracht hat. Sie haben es mir ermöglicht, meine negativen Gedanken zu wandeln und mich somit als Menschenwesen umfassender zu entwickeln. Ich kann Dr. Bach und seine Blüten nicht hoch genug loben.

Lancashire, England

Nach vielem Hinundher nahmen wir unsere zwei Monate alte Tochter mit zum Arzt, um ihr die erste Impfung geben zu lassen. Die Nachwirkungen dieser Spritze waren schlimm. Das arme kleine Baby bekam hohes Fieber und drehte durch; sie schrie stundenlang. Bevor die zweite Spritze fällig war, massierten wir an der Stelle, wo der Einstich vorgenommen würde, etwas Rescue

Remedy-Creme ein, und die Kleine spürte überhaupt nichts. Während des restlichen Tages gaben wir ihr Notfalltropfen, und dieses Mal gab es keine unangenehmen Nachwirkungen. Auf die gleiche Weise behandelten wir auch die dritte Impfung, und unsere Tochter schien ihren Arztbesuch sogar zu genießen.

USA

Akut und chronisch –
Berichte von Behandlern
und privaten Verbrauchern

Dieses Kapitel bringt Berichte über Fälle, in denen Rescue Remedy bei akuten und chronischen Krankheitszuständen eingesetzt wurde. Unter akuten Zuständen verstehen wir in diesem Zusammenhang solche, die plötzlich eintreten, ohne daß jedoch ein Notfall vorliegt. Chronische Krankheiten dagegen bedeutet, daß der Patient mit seinem Leiden schon eine längere Zeit gelebt hat.

AUS DER THERAPEUTISCHEN PRAXIS
"Zu meinen Patienten gehörte eine sechsunddreißigjährige Frau, die reichlich trank und rauchte und schon seit langer Zeit depressiv war. Ich empfahl ihr, *Rescue Remedy* einzunehmen, was sie tat. Am nächsten Tag berichtete sie, daß sie zum ersten Mal seit zwei Wochen schlafen konnte und das Gefühl habe, als sei die Last ihrer Probleme leichter geworden. Sie nahm das Mittel weiter, und nach zwei oder drei Wochen stabilisierte sich ihr Zustand. Jetzt nimmt sie die Notfalltropfen nur noch ab und zu."

Jeffrey Fine, ND, PhD,
Palm Beach Shores, Florida, USA

"J.T. ist ein fünfundsechzigjähriger ehemaliger Gewichtheber, der in den letzten anderthalb Jahren mehrere Anfälle von Leichtsinnigkeit und Verwirrtheit erlebt hatte. Diese Anfälle traten ein, wenn er mehr als eine halbe Stunde stillsaß oder länger als eine Stunde mit dem Auto fuhr und dann aufstand. Nach einem Anfall fühlte er sich mehrere Stunden lang schwach und müde. Als er in meine Praxis kam, war er bereits von seinem Hausarzt untersucht worden, der ihm Beruhigungsmittel verschrieben und gesagt hatte, er solle es 'leicht nehmen'.

Nachdem ich mit dem Mann gesprochen und ihn untersucht hatte, schlug ich ihm vor, wenn diese Anfälle kämen, täglich Rescue Remedy zu nehmen. Ich verschrieb ihm auch ein paar Vitamine, um seine Widerstandskraft gegen Streß zu stärken. Als ich ihn das nächste Mal sah, berichtete er, daß er in den vergangenen sechs Wochen nur zwei Anfälle gehabt hätte (nachdem diese früher täglich eintraten). Zu Beginn jedes dieser Anfälle hatte er drei Tropfen Rescue Remedy eingenommen. Er teilte mir mit, daß diese Tropfen die Verwirrtheit schnell auflösten, und es nie zu einem so umfassenden Ausfall wie früher mehr gekommen sei.

Außerdem, sagte er, wußte er nun, daß sich etwas verändert hatte, seit er während eines Bridge-Spiels vor kurzem aufstand, um in die Küche zu gehen, nachdem er mehr als zwei Stunden gesessen hatte – was normalerweise problematisch geworden wäre –, und er freute sich sehr, als ihm auffiel, daß er seit Wochen nicht mehr verwirrt oder schwindlig gewesen war."

Ronals Dushkin, MD,
Kripalu Center, Lenox, Massachusetts, USA

"Einer meiner Patienten hatte laut Diagnose eine ex-

tree Hypoglykämie und reagierte darüber hinaus äußerst allergisch auf alle möglichen Nahrungsmittel und
körperfremde Eiweiße. Die Notfalltropfen haben sich als
wichtige Hilfe erwiesen, da sie während der akuten Phasen – besonders, nachdem der Patient irgendwelche un-
verträglichen Stoffe zu sich genommen hatte – seine Belastung erleichterten."

Jim Said, DC, ND,
Grants Pass, Oregon, USA

ERFAHRUNGEN PRIVATER VERWENDER

Ich habe vierzig Jahre lang unter Ohrgeräuschen gelitten, und all die Ärzte und Ohren-Spezialisten, die ich
konsultiert habe, konnten mir kaum helfen. Vorgestern
wachte ich um drei Uhr morgens auf. Die Geräusche
waren so schlimm, daß ich das Gefühl hatte, ich könnte
sie nicht mehr ertragen und aufstand mit der Absicht,
'allem ein Ende zu machen'. Als ich aus dem Bett stieg,
bemerkte ich das kleine Fläschchen Rescue Remedy, das
für etwaige Notfälle auf meinem Nachttisch steht. So unglaublich das auch klingt, nahm ich drei kleine Schlück-
chen aus der Flasche, und es dauerte keine Minute, daß
meine Panikstimmung verschwand, und ich konnte
friedlich wieder einschlafen.

Stirling, Schottland

Auf eine Kombination von Hausstaub und Katzen rea-
giere ich außerordentlich allergisch. Meine Augen juk-
ken und tränen, um Knie und Augen entsteht ein Aus-
schlag, ich niese, und wenn ich länger in einer solchen

Umgebung bleibe, bekomme ich Husten- und Würge-
krämpfe. Das einzige Mittel, was mir in einer solchen Situation helfen kann, ist Rescue Remedy.

East Hampton, New York, USA

Während einer Nebenhöhlenentzündung mit starken
Schmerzen und Druckgefühl tropfte ich etwas verdünntes Rescue Remedy in meine Hand und zog es auf beiden Seiten durch die Nasenlöcher hoch; das war nicht
angenehm, aber sehr wirksam. Den Rest der Flüssigkeit
tupfte ich mir über den Nebenhöhlen auf die Haut, und
die Erleichterung habe ich mehreren Leuten mitgeteilt,
die nun auch von dem glänzenden Erfolg mit dieser Methode berichteten. *)

Christchurch, Neuseeland

Auf eine komplizierte Herzoperation bereitete ich mich
dadurch vor, daß ich jeden Tag Rescue Remedy einnahm. Unmittelbar vor dem Eingriff nahm ich die Tropfen unverdünnt; eine doppelte Bypass-Operation und
das Einsetzen einer künstlichen Mitralklappe standen
mir bevor. Nach der Operation, auf der Intensivstation,
nahm ich die Tropfen dann stündlich.
In der Folge erholte ich mich außergewöhnlich rasch.
Das überraschte die Ärzte, die eigentlich gemeint hatten, es würde mindestens ein halbes Jahr dauern, bis ich
irgendwo wieder richtig zupacken könnte. Ich nahm je-

---

*) Rescue Remedy-Creme läßt sich auf die gleiche Weise verwenden.

133

doch weiterhin Rescue Remedy, und war schon nach weniger als drei Monaten wieder an meinem Arbeitsplatz. Selbst jetzt, bei den Kontrolluntersuchungen, wundern sich die Ärzte noch über meine rasche Genesung.

USA

Ein Freund von mir – er ist ein ausgezeichneter Läufer – nahm während seiner 50km-Läufe regelmäßig Rescue Remedy. Nach dem siebeneinhalbstündigen Rennen hatte er weder Schmerzen noch war er deutlich erschöpft; er sagte, er fühlte sich besser als nach jedem früheren Lauf.

Ein anderer Fall: Ein achtunddreißigjähriger Bekannter, der körperliche Belastung nicht gewöhnt war, machte eine dreistündige Wanderung über Schnee, Eis und Felsen, bei der er nur Mokassins trug. Nach dieser Tour nahm er eine heiße Dusche und rieb sich hinterher Rescue Remedy-Creme in Waden und Fußsohlen ein. Kurz darauf berichtete er glücklich, daß er weder in Beinen noch Füßen Muskelkater oder Schwellungen bekam.

New Mexico, USA

Meine Lippen waren so aufgesprungen, daß ich nicht mehr lächeln konnte, essen oder sprechen. Meine Unterlippe war ungefähr drei Millimeter tief eingerissen. Ich strich Rescue Remedy-Creme darauf, und binnen Minuten ließen die Schmerzen deutlich nach – ich konnte sogar wieder lächeln. Ich trug im Laufe jenes und der folgenden Tage noch mehrere Male von der Creme auf, und am dritten Tag konnte ich feststellen, daß es nicht mehr nötig war. Der Riß war verheilt, und meine Lippen waren wieder heil und glatt.

New York City, New York, USA

Vor Jahren begannen sich meine Fingernägel zu spalten, zu splittern und abzuschuppen, und ich versuchte alle möglichen Cremes und Nagelhärter, die ich auf dem Markt fand – Kalzium-Tabletten, Lebertran, Jod, biochemische Mittel. Nichts half. Schließlich kaufte ich mir eine Garnitur falscher Nägel, die ich bei gesellschaftlichen Anlässen trug. Vor fünf Wochen, als ich mir die Hand eingeklemmt hatte und Rescue Remedy-Creme auf die schmerzende Stelle rieb, trug ich geistesabwesend die gleiche Creme noch auf die Fingernägel und Nagelhaut auf. Es funktionierte! Jetzt zeige ich jedem meine wirklich hübschen gesunden, starken, langen Fingernägel. Ich bin absolut begeistert.

Plymouth, England

Eine meiner Mitarbeiterinnen hatte während ihrer Menstruation starke Schmerzen. Sie saß an ihrem Schreibtisch, den Kopf in die Arme gelegt, und verlor fast die Besinnung. Ich gab ein paar Tropfen *Rescue Remedy* in ein Glas Wasser und überredete sie, das zu trinken. Sie tat es, und zu ihrer großen Überraschung ließen die Schmerzen nach, und hörten dann fast schlagartig auf. Anschließend konnte sie ihre Arbeit ohne Rückfall, ohne Schmerzen oder Krämpfe erledigen.

Berkshire, England

Nachdem die verschiedenen Kortisonsalben, die ich durchprobiert hatte, keinen anhaltenden Erfolg brachten, folgte ich dem Rat eines Homöopathen und verwendete Rescue Remedy-Creme, die ich auf das hartnäckige Ekzem auf meinen Armen auftrug. Ich strich die Arme zwei- oder dreimal am Tag damit ein, und nach einigen Wochen machte sich eine deutliche Besserung bemerkbar. Seit letztem Jahr gab es wohl einige geringfügige Rückschläge, aber diese verschwanden rasch, wenn ich ein wenig Rescue Remedy-Creme auftrug.

Los Angeles, Kalifornien,USA

Rescue Remedy half meiner Frau mit der psychischen Belastung durch die schwerste und gefährlichste Phase ständigen Krankseins fertigzuwerden, die sie je erlebt hat. Ich glaube, daß es Rescue Remedy war – das sie seinerzeit häufig einnahm –, was sie soweit stabilisierte, daß sie die Situation auf eine Weise bewältigen konnte, die ihr das Leben rettete.

Arizona,USA

Tiere—
Berichte von Behandlern
und privaten Verbrauchern

Unter den Tausenden von Berichten sind einige der außergewöhnlichsten Fälle und dramatischsten Erlebnisse solche, bei denen man die Bach-Blütenmittel und Rescue Remedy bei Tieren angewendet hat. Es folgt nun eine Zusammenstellung von Fallschilderungen von Tierärzten und anderen Menschen, die sich von Berufs wegen um das Wohl von Tieren bemühen, wie auch von privaten Verbrauchern und Haustierhaltern.

Viele Tierärzte, die Rescue Remedy als letzte Zuflucht einsetzen, wenn herkömmliche Behandlungsweisen versagt haben, berichteten von bemerkenswerten Erfolgen.

Es sei jedoch angemerkt, daß die hier dargestellten Fälle die Anwendung von Rescue Remedy bei Tieren zeigen und nicht dazu gedacht sind, auch nur andeutungsweise etwas über ihren Gebrauch oder ihre Wirksamkeit bei ähnlichen Zuständen oder in ähnlichen Situationen bei Menschen auszusagen.

Auch wenn noch nicht genau bekannt ist, auf welche Weise die Bach-Blütenmittel und Rescue Remedy ihre Wirkung erzielen, bilden die zahlreichen, hier aufgeführten Berichte über deren Verwendung bei Tieren doch ein sehr massives Anzeichen dafür, daß es sich bei jenen Mitteln nicht um Plazebos handelt. So gesehen, kann die Wichtigkeit weiterer Kontrollstudien nicht stark genug betont werden.

AUS DER THERAPEUTISCHEN PRAXIS

"Ich möchte all meinen tierärztlichen Kollegen dringend die Anwendung von Rescue Remedy empfehlen. Ich habe es, besonders bei Hunden, in Fällen von Schock, Unfällen, Verletzungen, als Vorbereitung auf einen chirurgischen Eingriff oder eine Zahnextraktion eingesetzt. Es bewirkt tatsächlich einiges im Sinne einer Verminderung der Angst; es beruhigt die Tiere so, daß sie nicht so sehr belastet werden. Darüber hinaus erleichtert es die anästhetischen Vorbereitungen beträchtlich. Ich glaube, daß Rescue Remedy die höheren Gehirnzentren anspricht. Dr. Bach war ein medizinisches Genie; er hatte ein unglaubliches Gespür dafür, welche Pflanze einen bestimmten Zustand beeinflussen würde."

George MacLeod, DVSM, MRCVS, England;
eine der führenden Autoritäten der Welt
auf dem Gebiet der Behandlung von Tieren
mit homöopathischen Mitteln; Präsident der
British Association of Homoeopathic
Veterinary Surgeons; Autor von vier bedeutenden
Büchern über den Einsatz von homöopathischen
Arzneimitteln bei Tieren

"Die Bach-Blütenmittel und besonders Rescue Remedy sind nach unserer Erfahrung sehr wirksam in der Linderung eines breiten Spektrums von Störungen und Krankheitszuständen aller möglichen Arten von Vögeln und sonstiger Tiere. Weiterhin habe ich festgestellt, daß die Rescue Remedy-Crème unübertroffen ist in der Verwendung bei Insektenstichen und Tierbissen. Wir betrachten Tiere als menschlichen Wesen gleichgestellt, deshalb bedürfen sie auch der gleichen Behandlung. Nach unserer Erfahrung bilden die Bach-Blütenmittel und *Rescue Remedy* ein unschätzbares Heilwerkzeug, das wir nicht missen möchten."

John Bryant, ehm. Manager
des Ferne Animal Sanctuary,
Chard, Somerset, England

"Rescue Remedy ist, besonders in Verbindung mit Arnica (einem homöopathischen Arzneimittel), sehr bewährt bei verschiedenen Notfällen von Tieren, wie zum Beispiel bei Schock. Ich möchte andere Tierärzte gerne aufrufen, Rescue Remedy auch einzusetzen. Ich sähe auch gerne weitere Forschungsarbeiten zur Untersuchung und Feststellung [der Eigenschaften] von Rescue Remedy, denn es ist in der Tiermedizin ungeheuer hilfreich."

Christopher Day, MB, MRCVS,
Stanford-in-the-vale, England;
Autor von Homeopathic Treatment of Small
Animals (Wigmore, London 1984)

In seinem Buch *Dr. Pitcairn's Complete Guide to Natural Health for Dogs and Cats* empfiehlt Dr. Pitcairn den Gebrauch von Rescue Remedy bei Tieren, zusammen mit Herz-Lungen-Wiederbelebung, Akupressur, äußerlicher Herzmassage und anderen Maßnahmen in verschiedenen Situationen.

Näheres über die Empfehlungen Dr. Pitcairns erfährt der Leser in dem speziellen Kapitel über Notfallbehandlung auf den Seiten 159–266 des genannten Buches.

"Ich habe Rescue Remedy verwendet, um verletzte Vögel, neugeborene Hündchen und Kätzchen zu behandeln, die sehr schwach waren, häufig mit ausgezeichnetem Erfolg. Ich setze Rescue Remedy auch nach schwierigen Operationen ein, und in vielen Fällen bewirkt das einen deutlichen Unterschied; das Tier wacht früher und leichter wieder auf."

Richard H. Pitcairn, DVM, PhD,
Eugene, Oregon, USA;
Autor von *Dr. Pitcairn's Complete Guide to Natural Health for Dogs and Cats*
(Rodale, Emmaus/Pennsylvania 1982)

"Ich gebe Rescue Remedy vor allem neugeborenen Tieren, die durch Kaiserschnitt entbunden worden sind. Dieses Mittel scheint besonders wirksam zu sein, indem es die Nebenwirkungen der Narkose bei dem Nachwuchs kompensiert. Darüber hinaus halte ich Rescue Remedy für eine hervorragende Hilfe für ein harmonisches Überleben der Familie des jungen Tieres, einschließlich des besorgten Vaters."

J. L. Newns, BVetMed, MRCVS,
Cornwall, England

"Bachs Rescue Remedy hat sich als postoperative Maßnahme als äußerst wirksam erwiesen. Es ist ein glänzendes Mittel zur Wiederbelebung von Hundebabys nach einer Schnittentbindung. Ich gebe Rescue Remedy, sobald die Kehle der Kleinen frei ist, und finde, daß es höchst wirkungsvoll die Atmung der Hündchen verbessert und sie (die Tiere) in den Normalzustand zurückbringt.

Ich verwende und empfehle Rescue Remedy in Situationen wie z.B. dem Kollaps eines jungen Tieres. Dieses Mittel schenkt einem Zeit. Es ist eine glänzende Hilfe und Ergänzung zu jeder anderen Behandlungsweise, die man während einer unmittelbaren Krise anwendet. Versuchen Sie es; kümmern Sie sich nicht darum, [warum oder] wie es wirkt, denn dadurch könnten Sie sich selbst der Gelegenheit berauben, ein wunderbares Heilungswerkzeug einzusetzen."

J.G.C. Saxton, BVetMed, MRCVS,
Leeds, England

"Ich verwende die Bach-Blütenmittel bei Hunden, die gestreßt sind und sich nicht entspannen können. Ich setze sie auch während der Akupunktur-Behandlung ein. Neunzig Prozent der Fälle bringen gute bis hervorragende Resultate; nur in zehn Prozent der Fälle ist kaum eine oder keine Wirkung zu verzeichnen. Ich habe Rescue Remedy eingesetzt bei Tieren, die von einem Auto angefahren wurden oder nach einer Operation im Schockzustand waren, und es bewirkt tatsächlich einen Unterschied. Ich denke, daß jeder, besonders Tierärzte, die Notfalltropfen in Reichweite haben sollte. Es ist so wirksam und preisgünstig, daß es einfach unvernünftig wäre, den Versuch nicht zu machen. Wenn es hilft, ein Tier aus seinem Schock zu bringen oder aber zu beruhigen, dann lohnt es sich."

John B. Limehouse, DVM,
Corvallis, Oregon, USA

"Die Bach-Blütenmittel sind eines der humansten und sanftesten Heilmittelsysteme, das ich kenne. Zu ihrer Entwicklung waren keine Tierversuche und -opfer nötig, um die Wirksamkeit zu beweisen. Sie sind ein großartiges Heilungsgeschenk für die Tiere. Darüber hinaus können die Bach-Mittel einem helfen, sich besser auf die Tiere einzustellen und offener für sie zu sein.

Je mehr wir selbst von den Blütenmitteln nehmen, desto klarer wird unser Verstehen der Gefühlswelt der Tiere. Sorgfältige Beobachtung hat gezeigt, daß Tiere dazu neigen, die gleichen Probleme zu entwickeln, die schon ihre Besitzer oder Halter haben, besonders psychosomatische Leiden. Weiterhin müssen Tiere oft Dinge wie Einsamkeit, Angst und Furchtsamkeit bewältigen. Rescue Remedy ist bei allen Krisensituationen sehr zu empfehlen, und ganz besonders vor und nach Operationen. Wir haben festgestellt, daß – nach richtigem Einsatz der Blütenmittel – die Tiere sich rascher, viel rascher und leichter erholen."

Rebecca Hall, London, England;
Autorin von *Animals Are Equal: An Exploration of Animal Consciousness* (Wildwood, London 1983) und *Voiceless Victims* (Wildwood, London 1984)

"Als Tierarzt in einer Allgemein-Praxis wende ich Rescue Remedy regelmäßig bei Fällen an, in denen ein Geburtrauma besteht, der Schock nach einem Unfall, oder wenn eine Kaiserschnittentbindung notwendig geworden war...

Häufig dauert es nach einer schwierigen Geburt sehr lange, bis neugeborene Hündchen oder Kätzchen, die lange im Geburtskanal gesteckt haben, sich davon wieder ganz erholen. Rescue Remedy, auf die Zunge getropft, gibt ihnen den notwendigen Anstoß zum Überleben.

Viele durch Kaiserschnitt entbundene Tiere leiden vor

der Geburt unter einer Behinderung der Atmung, weil die Narkosewirkung sie über das Blut ihrer Mutter erreicht. *Rescue Remedy* scheint ihre Atmungsfähigkeit zu steigern und ihnen zu helfen, die toxischen Wirkungen der mütterlichen Narkose rascher loszuwerden

Erfreuliche Erfolge erzielte ich mit *Rescue Remedy* auch bei Lämmern, die eine schwierige Geburt hatten. Das gilt besonders für die kleinen Bergschafe. Sehr häufig leiden die Neugeborenen unter Quetschungen, Erschöpfung und Schock; ihre Mütter sind nicht selten in der gleichen Situation. Beiden ist *Rescue Remedy* eine große Hilfe zur Erholung.

Rescue Remedy verwende ich auch in der Regel bei wilden und bei Hausvögeln... die einen Schock erlitten haben oder erschöpft sind: Vögel, die von Katzen angegriffen wurden oder gegen ein Auto oder Fensterscheiben geflogen sind, oder aus dem Nest gefallen waren, Seevögel, die nach einem heftigen Sturm ans Land geweht wurden, und Vögel, die nach einer Narkose wieder zu sich kommen sollen. In solchen Fällen gebe ich den Tieren grundsätzlich zwei bis drei Tropfen *Rescue Remedy* in die Kehle, setze sie in einen dunklen Kasten in der Nähe einer Wärmequelle, und lasse sie dort ungefähr zwei Stunden. Häufig ist dann keine weitere Behandlung mehr notwendig. In anderen Fällen wird dies dem Vogel geholfen haben, weitere Behandlung und Heilmaßnahmen besser zu ertragen.

Ich möchte allen Tierärzten empfehlen, *Rescue Remedy* griffbereit zu halten. Es ist kein Wundermittel, aber wenn man es regelmäßig dort anwendet, wo es angezeigt ist, ist es sehr empfehlenswert. Ohne Zweifel wird es einmal – wie ich es erlebt habe – einen Fall geben, in dem die Notfalltropfen in einer Krisensituation eine so tiefgreifende und erstaunliche Wirkung zeigt, daß an ihrer Wirksamkeit nicht der geringste Zweifel mehr bestehen kann."

Bruce Borland, BVetMed, MRCVS
Bristol, England

"*Rescue Remedy* ist ein fester Bestandteil meiner Praxis, und ich verwende es bei der Behandlung vor und nach der Operation. Bei Unfällen hilft *Rescue Remedy* den Tieren, den Schock der fremden Umgebung zu überwinden, und ermöglicht ihnen eine raschere Genesung. Die Notfalltropfen kann man oral anwenden, im Trinkwasser verdünnt, oder direkt in und auf den Mund geben. Einer der großen Vorzüge der Bach-Blütenmittel einschließlich der Notfalltropfen ist, daß sie sich mit jeder anderen Medizin oder Behandlungsweise vertragen, die man dem Tier sonst noch angedeihen läßt. Ich würde nie zögern, eines der Bach-Blütenmittel einzusetzen.

Nach meiner Erfahrung kann ich auch sagen, daß ein oder zwei Tropfen *Rescue Remedy* fast augenblicklich dafür sorgen werden, daß die Atmung des Tieres sich vertieft und es nach einer Narkose rascher zu sich kommt.

Weiter würde ich auch allen, die Tiere halten, empfehlen, sich die vollständige Reihe der Bach-Blütenmittel zuzulegen und bereitzuhalten, besonders das Notfallmittel. Einfachheit ist der Schlüssel zu Bachs Heilsystem. Ich würde die Blütenmittel auch ohne jegliche Vorbehalte mit anderen Behandlungsweisen kombinieren."

Eileen Wheeler, MRCVS,
Wales, Großbritanien

"Ich halte sowohl die Notfalltropfen als auch die *Rescue Remedy*-Creme jederzeit bereit, weil ich sie für eine unschätzbare Hilfe in meiner tierärztlichen Tätigkeit halte. Sie wirken sogar bei Wunden, die normalerweise nur sehr langsam heilen würden, wie z.B. Verletzungen von Schildkröten. Die Creme hält die Wunde geschmeidig, lindert den Schmerz und beschleunigt den Heilungsvorgang. Da ich mit mehreren Tierhilfs-Organisationen zusammenarbeite, werde ich häufig gerufen, um kranke oder verletzte Wildtiere – einschließlich Füchsen, Dachsen und Rehwild – zu behandeln. Die Notfalltropfen sind eine große Hilfe zur Milderung ihrer Angst und Panik; es hilft den Tieren auch, wieder zu Bewußtsein zu kommen, nachdem sie sich in Drahtschlingen verfangen haben.

Vögel profitieren auch von den Notfalltropfen; meine Standardbehandlung besteht aus einer Gabe *Rescue Remedy* in Honig; dann kommen die Vögel sofort in eine geschlossene Kiste an einen warmen, ruhigen Ort. Nach nur zwanzig Minuten sind sie ruhiger, kräftiger und lassen sich leichter behandeln. Das Risiko, daß sie am Schock sterben, ist wesentlich geringer. Die *Rescue Remedy*-Tropfen sind auch äußerst wirksam bei Tieren, die unter einem emotionalen Trauma leiden oder den verschiedensten Formen von Neurosen... Ich stelle eine signifikante Steigerung der Genesungs- und Überlebensraten sowohl bei Haus- als auch bei Wildtieren fest, die ich in den letzten Jahren behandelt habe, seit ich die Bach-Blütenmittel in die Behandlung mit einbeziehe."

Sue Smith, Tierpflegerin,
Chard, England

FÄLLE AUS DER
TIERMEDIZINISCHEN PRAXIS

„Kürzlich berichtete ein Kollege den Fall eines Vollblutpferdes, das einer langen, ausgedehnten Operation unterzogen wurde, die auch der Untersuchung eines Tumors im Perinealgebiet galt. Das Pferd hatte die drei Tage vor der Operation *Rescue Remedy* bekommen, und nach dem Eingriff ebenfalls. Bei den späteren Nachuntersuchungen war der Tierarzt verwundert, daß das Tier sich so rasch von einer so tiefgreifenden Operation erholt hatte."

Eileen Wheeler, MRCVS,
Wales, Großbritannien

„Als ich neulich eine Routine-Operation bei einem jungen Pudel-Schoßhund durchführte, kam es zu einer akuten Narkose-Krise mit Atem- und Herzstillstand. Der Hund bekam eine Herzmassage, wurde künstlich beatmet und erhielt die Herztätigkeit anregende Mittel, aber nichts half. Nachdem alles fehlgeschlagen hatte, gab ich dem Tier ein paar Tropfen *Rescue Remedy* unter die Zunge. Zwanzig Sekunden später atmete der Hund ganz tief durch, und sein Herz fing wieder an zu schlagen. Mit weiteren Gaben der Notfalltropfen stabilisierten wir Herz- und Atemtätigkeit, führten die Operation zu Ende, und konnten beobachten, daß der Hund sich ohne weitere Zwischenfälle gut erholte. Meine Helferin beobachtete dieses Geschehen und starrte den Pudel ungläubig an. Das scheint ein klassischer Fall zu sein, in dem alle traditionellen Mittel versucht wurden und versagten – und dann hat *Rescue Remedy*, die letzte Zuflucht, den Tag und den Hund gerettet. Ich war tief beeindruckt, und verwende weiterhin diese Mittel in meiner Praxis."

Ein anderer Fall: „Eine Labrador-Hündin wurde mit einem Zwerchfellriß, der Folge eines Straßenverkehrsunfalls, zur Operation gebracht. Ein solcher Zustand ist bei der Anästhesie immer ein zusätzliches Risiko. Als das Tier narkotisiert und die Operation begonnen war, kam es zu einem Atem- und Herzstillstand. Die Hündin sprach auf die herkömmlichen Wiederbelebungsmethoden nicht an, dafür aber auf eine Gabe *Rescue Remedy*. Wie schon bei dem Pudel, fing auch ihr Herz wieder an zu schlagen und die Atmung setzte von selbst ein.

Selbst wirkungsvolle Mittel funktionieren nicht in jedem Fall, und ich habe viele Fälle erlebt, in denen *Rescue Remedy* keine Hilfe gebracht hat. Doch ich bin davon überzeugt, daß dieses Mittel von großem Wert ist, und habe es immer zur Hand."

Bruce Borland, BVetMed, MRCVS,
Bristol, England

„Vor kurzem setzte ich *Rescue Remedy* bei einer Bulldogge ein, die einen leichten Anfall hatte. Der Hund befand sich in einem Panik-Zustand und hatte schwere Atemnot. Ich gab ihm in halbstündigen Intervallen drei bis vier Stunden lang *Rescue Remedy* und stellte fest, daß es wirksamer war als jedes Beruhigungsmittel, das ich sonst hätte verwenden können."

J.G.C. Saxton, BVetMed, MRCVS,
Leeds, England

Ich besuchte einen mir befreundeten Tierarzt, als ein anderer Bekannter eine Katze hereinbrachte, die einen recht erschöpften Eindruck machte. Die Katze war den ganzen Tag draußen im Regen gewesen und sah sehr erschreckt aus. Wir gaben ihr eine Dosis *Rescue Remedy*, und innerhalb von fünf Minuten schnurrte das Tier, war friedlich und guter Dinge."

G.S. Khalsa, MD,
Lathrup Village, Michigan, USA

„Ich erinnere mich an den Fall eines recht nervösen Hundes; seine Besitzer wünschten, daß er ruhiggestellt würde, bevor sie eine lange Reise unternähmen. Ich schlug vor, so oft wie nötig *Rescue Remedy* zu geben. Nach ihrer Rückkehr riefen die Hundehalter begeistert an und berichteten, daß das Mittel ganz erstaunlich geholfen und das Tier sehr beruhigt hatte."

P.A. Culpin, MRCVS,
Surrey, England

„Vor nicht allzu langer Zeit wurde mir ein Hund in die Praxis gebracht, der von einem Auto angefahren worden war. Er war nicht sehr aktiv, sein Gaumen war grau, und es brauchte lange Zeit, bis seine Kapillaren sich füllten. Er war sehr heftig getroffen worden, hatte aber keine Gehirnerschütterung. Ich gab ihm zweimal eine Dosis *Rescue Remedy* im Abstand von einer Viertelstunde. Kurz darauf verbesserte sich seine Kapillardurchblutungszeit beträchtlich, und er hob den Kopf und erholte sich rasch."

John B. Limehouse, DVM,
Corvallis, Oregon, USA

„Ich erlebte *Rescue Remedy* in zahlreichen Fällen als sehr hilfreich für meine wilden Vogel-Patienten. Besonders entsinne ich mich des Falles einer Dohle, die schwere Kopfverletzungen hatte. Sie war auf einem Auge blind, hatte Läuse und Würmer, war dünn und schwach, fast bewußtlos. Ich gab ihr ein paar Tropfen *Rescue Remedy* auf einem Kinder-Malpinsel, packte sie dann in Wolle und legte sie in einen elektrisch beheizten Krankenkäfig, den ich ins Dunkel stellte. Bald hatte ich es mit einem 'lebendigen' Vogel zu tun, warm und beweglich, bewußt und wach; ich konnte ihn regelrecht behandeln und füttern. Ich bin überzeugt, daß dieses Tier ohne *Rescue Remedy* sein Bewußtsein oder seinen Lebenswillen nicht zurückerlangt hätte. Mit der Zeit erholte die Dohle sich vollkommen, und ihr Sehvermögen war gerettet. Nachdem ich sie freiließ, kam sie und eine andere Dohle noch wochenlang wie in ein Hotel zu unserem Haus zurück, sei es, um hier eine Mahlzeit einzunehmen, Schutz vor dem Regen zu suchen, oder um sich einfach umzuschauen."

M. Davidson,
The Bird Hospital (Vogelklinik),
Helston, Cornwall, England

ERFAHRUNGEN PRIVATER VERWENDER

Mitte März entdeckten wir einen kleinen Kupferfalter, der gerade seinen Kokon verlassen hatte. Wir nahmen ihn mit herein, und eine ganze Woche lang blieb er bewegungslos auf einer Vase voll Blumen sitzen. Mehrere Male täglich setzte ich das Tier auf einen Tropfen *Rescue Remedy* auf meinem Finger. Schließlich rollte es seinen Rüssel auf und nahm einen langen Zug von dem Tropfen.

Der Erfolg trat sofort ein und war verblüffend. Nachdem der Falter reglos, fast leblos schien, flatterte er nun kräftig im Zimmer umher, aber da es draußen noch zu kalt war, behielten wir ihn noch zwei weitere Tage bei uns, fütterten ihn mit frischen Hyazinthenblüten und *Rescue Remedy.* Eines sonnigen Morgens öffneten wir dann das Fenster und beobachteten, wie unser kleiner Gast auf kräftigen Flügeln seiner Freiheit entgegenflatterte.

USA

Der Hund einer Bekannten wurde sehr lethargisch, als sein Herrchen gestorben war. Er ging tagelang mit hängendem Kopf umher. Eine halbe Stunde nachdem ich vier Tropfen *Rescue Remedy* auf seine Zunge gegeben hatte, wurde er munter und sah ganz anders aus. Meine Bekannte gab ihm in den nächsten Tagen weitere Tropfen in sein Trinkwasser, und von da an wurde der Hund wieder ganz er selbst.

Newton Corner, Massachusetts, USA

Ich verwende *Rescue Remedy* bei allen kleineren Verletzungen, die mein Hund oder die Katze erleiden, oder wenn ich merke, daß die Tiere aus irgendeinem Grund aufgeregt sind. Das ist die einzige Medizin, vor der mein Hund nicht zurückscheut; wenn ich sie selbst benutze, dann leckt er mir sogar die Tropfen wieder ab.

Kansas City, Missouri, USA

Eine sechs Monate alte Katze wurde hereingebracht; sie hatte einen Angelhaken im Ballen der rechten Vorderpfote. Die Katze war außer sich und kaum zu bändigen. *Rescue Remedy*, das wir ihr eingaben und auf die verletzte Pfote tropften, beruhigte das Tier einigermaßen. Nachdem wir mehrere Male von den Notfalltropfen Gebrauch gemacht hatten, konnten wir den Pfotenballen mit einer Rasierklinge einschneiden und den Angelhaken mit einer Pinzette entfernen. Ich verband die Pfote mit Mull, den ich mit *Rescue Remedy* angefeuchtet hatte. Während ihrer einwöchigen Rekonvaleszenz blieb die Katze ruhig und knabberte nur ein wenig an dem Verband. Ihre Pfote verheilte erstaunlich gut.

Burkittsville, Maryland, USA

Ich habe einen achtmonatigen Labrador-Apportierhund, der aufgesprungene Pfoten hatte. Ich trug eine Woche lang dreimal täglich *Rescue Remedy-Creme* auf. Verglichen mit dem Normalzustand, wurden die Pfoten jedoch kaum besser. Als ich den Hund dann zum Tierarzt brachte, sagte dieser, es käme von der Staupe. Der Arzt meinte, er habe noch nie einen Hund mit Staupe gesehen, dessen Pfoten in so gutem Zustand waren, und wollte wissen, wie ich das bewerkstelligt hätte.

Madison, Wisconsin, USA

Mein sechsjähriger Kater hatte ständig unter Abszessen zu leiden. Kaum heilte ein Abszeß ab, tauchte schon irgendwo der nächste auf. Das Haar fiel ihm aus, und seine Augen sahen allmählich recht wild aus. Ein befreundeter Arzt erzählte mir von *Rescue Remedy.* Ich gab Thomas zwei Dosen pro Tag; vier Tropfen auf die Zunge und vier Tropfen ins Trinkwasser. Nach zwei Tagen waren die Wunden verschorft und trockneten aus, sein Fell fühlte sich weicher an und der Kater selbst war viel ruhiger. Jetzt hat er einen ganz weichen, neuen Pelz und ist wieder bei seinem früheren Gewicht angelangt. All die Abszeß-Löcher sind vollkommen verheilt, und Thomas hat auch sein eigenes Fläschchen *Rescue Remedy.*

Alameda, Kalifornien, USA

Die *Rescue Remedy-Creme* hat sich in einer Vielzahl von Fällen als unschätzbares Heilmittel erwiesen. Vor wenigen Tagen stieß ich auf ein Pferd, das sich an Stacheldraht verletzt hatte und schon zwei Tage die Nahrungsaufnahme verweigerte. Seine Wunden waren noch offen und schienen sehr schmerzempfindlich zu sein. Ich gab der Besitzerin des Tieres eine Flasche *Rescue Remedy* und den Rat, in regelmäßigen Abständen die betroffenen Stellen damit zu behandeln. Nach einer Stunde schon rief die Frau an und berichtete mir, daß das Pferd schon wieder graste. Nach zwei Tagen verheilten die Verletzungen.

New Mexico, USA

Ich habe die Notfalltropfen Vögeln gegeben, die gegen meine Fensterscheiben geflogen sind. Es scheint sie schnell wieder zu Bewußtsein kommen zu lassen, und sie fliegen auf und davon.

Die erstaunlichste Geschichte aber erlebte ich mit meinem Kater. Katzen in unserem Tal bekommen leicht eine Darmstörung, an der sie schließlich sterben. Wir stellen uns vor, daß das mit den Feldmäusen zusammenhängt, die sie fressen. Als mein junges Katerchen mit solchen Beschwerden anfing, dachte ich sofort an *Rescue Remedy*. Ich gab ihm von den Notfalltropfen drei Tage lang morgens und abends; dann war er wiederhergestellt.

Einen Monat später wurde der Kater wieder krank; ich behandelte ihn auf die gleiche Weise, und diesesmal war er viel schneller wieder auf den Beinen. Jetzt ist mein Katerchen schon anderthalb Jahre alt, frißt Mäuse und scheint überhaupt nicht mehr krank zu werden. Ich habe auch drei Katzen aus der Nachbarschaft mit *Rescue Remedy* behandelt und dabei die gleichen Ergebnisse erzielt.

Yarrow, British Columbia, Kanada

Oscar war ein wirklich ängstlicher Kater; er fürchtete sich vor allem, selbst vor seinem eigenen Schatten erschrak er. Von Kopf bis Schwanz bedeckte ihn ein Ekzem, und wir mußten deshalb immer wieder mit ihm zum Tierarzt. Vor sechs Monaten beschloß ich, ihn mit Bach-Blütenmitteln zu behandeln. Ich gab ihm *Rescue Remedy* und zwei andere Blüten wegen seiner großen Ängstlichkeit. Nachdem ich ihm fast eine Woche lang zweimal täglich drei Tropfen gegeben hatte, war Oscar nicht mehr der gleiche. Sein Ekzem begann zu heilen, und er wird von Woche zu Woche tapferer und unerschrockener. Außerdem wird er auch viel anhänglicher.

London, England

Einer unserer australischen Schäferhunde trat, als er im Schnee umherrannte, in die Scherben einer zerbrochenen Flasche und schnitt sich in den Fuß. Nachdem wir die Pfote gründlich gereinigt und in einem Kräuteraufguß gebadet hatten, bedeckten wir sie mit *Rescue Remedy-Creme* und verbanden sie. Wir gaben dem Hund regelmäßig Notfalltropfen und behandelten und verbanden die Pfote weiterhin mit der Salbe. Bevor wir einen Verband wechselten, gaben wir dem Tier ein paar Tropfen *Rescue Remedy* auf die Zunge, was ihn immer soweit beruhigte, daß er nicht die Pfote wegzog. Nach weniger als einer Woche war der Fuß vollkommen geheilt, ohne daß es zu irgendwelchen Komplikationen gekommen wäre.

Colorado Springs, Colorado, USA

Eine meiner Katzen kam ins Haus getobt mit etwas zwischen den Zähnen, was wie ein totes Streifenhörnchen-Baby aussah. Ich öffnete der Katze die Kiefer, und das Tierchen plumpste zu Boden. Ohne viel Hoffnung, es wiederbeleben zu können, spritzte ich dem Streifenhörnchen ein paar Tropfen *Rescue Remedy* in den Mund; auf der Stelle begann das Tier zu zucken und sich zu bewegen. Es erholte sich so rasch, daß ich kaum genug Zeit hatte, einen Karton für es zu finden. Eine Viertelstunde später ging es dem Streifenhörnchen gut genug, daß ich es wieder in den Wald hinaus lassen konnte. Das gleiche geschah noch zweimal im Laufe der nächsten beiden Monate, einmal mit einer Feldmaus; dann mit einem anderen Streifenhörnchen. Beide Tiere erwachten nach einer Dosis *Rescue Remedy* wieder zum Leben und wurden wohlbehalten in die Freiheit entlassen.

Ballston Lake, New York, USA

Auf einer Landstraße fanden wir ein trächtiges Wallaby *), das von einem Auto angefahren war. Das winzige, schon ganz fellbedeckte Baby kam zum Vorschein. Es zappelte und wand sich und war außer sich. Wir beschlossen, es mit einer Pipette zu füttern, und gaben ihm Trockenmilch und Rohzucker. Das Kleine nahm zwar die ersten Tropfen an, weigerte sich aber später, mehr davon zu trinken. Das winzige Ding magerte ab und wurde matt und schwach. Wir hatten Angst, es würde uns sterben.

Dann kamen wir auf die Idee, ihm vier Tropfen *Rescue Remedy* in die Milch zu geben. Ob es der Brandy-Geschmack war –*Rescue Remedy* ist zur Konservierung auf Brandy-Grundlage abgefüllt –, oder ob das Tierchen einfach ausgehungert war – jedenfalls nahm es die Flüssigkeit an, bis wir sie ihm regelmäßig fütterten.

Zum Glück war am nächsten Tag die Tierarzt-Praxis geöffnet, und so nahmen wir das Wallaby-Baby dorthin

---

*) mittelgroße Känguruh-Art (Anm.d.Ü.)

mit, um es dem Arzt zu zeigen. Dieser schien recht überrascht über die offensichtlich gute gesundheitliche Verfassung unseres kleinen Freundes und empfahl uns, die Behandlung fortzusetzen.

Während der folgenden Tage gaben wir weiterhin *Rescue Remedy* in die Nahrung für das Wallaby. Heute sind wir glücklich, sagen zu können, daß wir ein gesundes, munteres und viel größeres Wallaby bei uns haben.

Australien

Wir haben manch fabelhafte Erfahrung mit *Rescue Remedy* bei Tieren gemacht. Unser kleiner Chihuahua ist einmal arg gefallen und wurde krank, obwohl der Arzt nichts finden konnte. Die erste Gabe *Rescue Remedy* bewirkte schon einen gewaltigen Unterschied – der Hund wurde erstaunlich schnell munter. Die Notfalltropfen waren auch sehr von Hilfe, als unser Hund Junge bekam. Ich weiß nicht, wie wir es ohne diese Mittel geschafft hätten.

Kalifornien, USA

Balludur war ein zwölf Monate alter reinrassiger, goldbrauner Labrador, der absolut keinem über den Weg traute. Niemandem war es je gelungen, den Hund zu berühren. Mehrere Male hatte er sich, wenn er sich in einem engen Raum aufhielt, auf Menschen gestürzt und sie gebissen.

Beim letzten Mal kam mir der Gedanke, ein Stück Brot mit *Rescue Remedy* zu tränken, das ich in meiner Tasche immer bei mir trage. Ich tat das, und warf dem Hund ein Stück von dem Brot hin, das er fraß. Zehn Minuten später, als er noch an der gleichen Stelle war, setzte ich mich in die Hocke und bot ihm ein weiteres Stück Notfalltropfen-Brot an. Zu meiner Verwunderung kam er zu mir und schnappte sich das Brot aus meiner Hand und rannte damit fort. Am folgenden Tage fütterte ich ihm mehrere Brocken aus der Hand, und er ließ mich sogar eine Sekunde lange sein Ohr kraulen, bevor er davonsprang. Von da an fraß er aus meiner Hand wie ein normaler Hund; ich durfte ihn tätscheln, am Schwanz ziehen und sogar meine Hand in sein Maul legen.

Nach drei Wochen benahm er sich ganz normal, und verzichtete freiwillig darauf, Hosenbeine zu schnappen und zu verkürzen, ließ sich tätscheln und Brotbrocken geben.

Farnborough, England

Yarrow, unsere Katze, hatte einen Vogel gefangen, und wir konnten sie gerade noch davon abhalten, ihn zu verzehren. Der Vogel war bewußtlos, litt offenbar unter einem Schock. Häufige Gaben von *Rescue Remedy* auf seinen Kopf, auf Augen, Schnabel und Füße halfen so gut, daß er schon nach einer Viertelstunde wieder versuchte, zu fliegen. Nach einer weiteren Viertelstunde flog er davon.

Bermuda

Rescue Remedy habe ich bei einem meiner Lhasa-apso-Hunde eingesetzt, der bei Gewittern schreckliche Angst hatte. Die Hündin wurde panisch, fing an zu keuchen, rannte umher auf der Suche nach einem Versteck, zitterte und japste. Vor ungefähr einem halben Jahr fingen wir an, ihr, sobald sie den ersten Donner grollen hörte, eine Dosis *Rescue Remedy* zu geben. Inzwischen ist sie soweit, daß sie Gewitter ganz gut übersteht. Wir müssen sie nicht die ganze Zeit behandeln. Letzte Nacht hatten wir ein schlimmes Gewitter, und der Hund zuckte nicht einmal mit den Wimpern.

Hier in der Gegend haben wir auch geradezu Epidemien von Flöhen, und meine Hunde regen sich über diese Schmarotzer so auf, daß sie unablässig in ihrem Fell herumkauen. Ich habe festgestellt, daß *Rescue Remedy*, oral verabreicht und dazu noch auf die juckenden Stellen aufgetragen, ihnen Linderung verschafft. Ich verwende sowohl die Tropfen als auch die Creme. Die Tropfen beruhigen die Hunde auch und reduzieren ihr rasendes Kratzen.

St. Petersburg, Florida, USA

Wir haben ein neun Jahre altes chinesisches Bantam-Huhn, daß wir 'Mrs.' rufen; es war von einem Pferd getreten worden. Ich trug Mrs. zu ihrem Strohbett und strich ihr *Rescue Remedy* um den Schnabel und badete ihren Fuß darin. Diese Behandlung wiederholte ich häufig, bis die kleine Henne in der Lage war, Wasser zu trinken, in das ich *Rescue Remedy* und das Bach-Blütenmittel Crab Apple gegeben hatte.

Nach drei Tagen öffnete sich ihr eines Auge wieder, das geschlossen war, und das Hühnchen begann sich ein wenig für Tomatensamen und Brombeeren zu interessieren. Ich gab ihm verschiedene Bach-Blütenmittel, je nach ihrer Stimmungslage, und wie sie sich dabei erholt hat, das ist wirklich ein echtes Blütenmittel-Wunder. Mrs. hat jetzt nicht mehr die geringste Angst vor den Pferden, die um sie herum weiden.

Godshill Ridge, England

Eine Katze in meiner Nachbarschaft war sehr lethargisch und unangenehm, nachdem sie ihre Jungen auf die Welt gebracht hatte. Sie aß und trank kaum noch, was nicht gut ist für eine säugende Mutterkatze. Eines nachts gab ich ihr eine Dosis *Rescue Remedy* in den Mund, und am folgenden Tag eine weitere. Am Tag darauf aß und trank sie normal und säugte glücklich ihre Nachkommen.

Albuquerque, New Mexico, USA

Fritz, unser achtjähriger belgischer Schäferhund, hatte eine Fehlbildung entwickelt, die seine Möglichkeiten zu rennen und zu springen beeinträchtigte. Nach einiger Zeit wurden seine Bewegungen immer schwieriger. Unser Tierarzt erklärte, daß das Spinalnervensystem von Fritz nachließe, und man mit einem Vitamin-C-Präparat möglicherweise helfen könnte. Das ging auch eine Zeitlang ganz gut, aber dann fing Fritz an, seine Pfoten nachzuziehen, wodurch die Krallen bis ins Fleisch aufgescheuert wurden. Er hatte so starke Schmerzen, daß wir ihn schließlich in einem Tuch tragen mußten, daß wir ihm unter den Bauch gebunden hatten. Als letztes Mittel verschrieb unser Tierarzt Kortisone, aber diese halfen auch nicht.

Dann erfuhren wir von einem Bekannten über Dr. Bachs *Rescue Remedy.* Nachdem wir uns dieses besorgt hatten, gaben wir ein paar Tropfen auf Fritzens Zunge, wie man uns empfohlen hatte. Fritz reagierte augenblicklich; seine Augen leuchteten auf, und er spitzte die Ohren. Nach einigen Wochen täglicher *Rescue Remedy*-Gaben sprach zu unserem Erstaunen auch der Hinterfuß des Hundes auf die Behandlung an, und wir brauchten die Schlinge nicht mehr, um den Hund zu stützen. Er zog jetzt seine Hinterbeine nicht mehr nach, die Krallen wuchsen wieder, und Fritz lebte von neuem auf. Jetzt, ein Jahr später, geht er ohne Schwierigkeiten.
Die Notfalltropfen von Dr. Bach sind ein Gottesgeschenk.

Chicago, Illinois, USA

Kürzlich war eines unserer Lämmer sehr aufgedunsen; es lag nur noch auf der Seite und schnappte nach Luft. Als ich auf den Gedanken kam, ihm *Rescue Remedy* zu geben, schien nicht mehr viel Hoffnung zu bestehen. Ich gab ihm dann alle paar Minuten – ungefähr eine Stunde lang – Notfalltropfen; dann wurde ich fortgerufen. Als ich nach ungefähr zwanzig Minuten zurückkehrte, fand ich das Lamm zu meiner großen Überraschung auf den Beinen und grasen, als ob überhaupt nichts gewesen wäre. Seit damals haben wir auf diese Weise viele Lämmer gerettet, die gebläht waren.

New South Wales, Australien

Meine Kinder angelten von einem Pier aus, als ein Vogel ins Wasser fiel. Sie fischten ihn heraus und legten ihn aufs Trockene, als unser großer Hund ihn sich plötzlich schnappte. Die Kinder retteten den Vogel zum zweiten Mal und brachten ihn zu mir. Ich konnte spüren, was für einen Schock er erlitten hatte; er war völlig verängstigt. Ich gab ihm, bis der Tag vorüber war, noch zweimal zwei Tropfen *Rescue Remedy* in den Schnabel. Am nächsten Tag schien er wieder wohlauf zu sein. Wir ließen ihn frei, und er flog davon.

DeSoto, Texas, USA

Ich pflegte für die Dänische Doggen-Rettungsliga zu arbeiten und dänische Doggen aufzunehmen und zu versorgen, die ihre Besitzer nicht halten konnten. Eines Tages nahm ich eine neunmonatige weibliche Dogge auf, die bei einer psychotischen Frau gewohnt hatte. Der Hund war das nervöseste, neurotischste Geschöpf, das ich je kennengelernt habe. Die ersten acht Stunden war es unmöglich, daß ich mich der Dogge auch nur näherte. Da kam ich auf die Idee, ihr *Rescue Remedy* ins Trinkwasser zu tun, und nach einem Tag beruhigte sich die Hündin etwas. Ich behandelte noch einige Wochen lang ihr Fressen und Trinkwasser auf die gleiche Weise. Nachdem die Dogge wesentlich ruhiger und gefestigter geworden war, wurde sie nicht viel später in ein neues, gutes Zuhause adoptiert. Ich glaube, *Rescue Remedy* war das Einzige, was sie davor bewahrt hatte, eingeschläfert zu werden.

Miami, Florida, USA

Meine halbwilde Schildpattkatze Tina erschien eines Tages mit einer riesigen Schafszecke hinterm Ohr. Ich tropfte zwei oder dreimal etwas *Rescue Remedy* auf die Zecke und gab auch etwas davon in Tinas Milch. Nach drei Tagen war der unangenehme Schmarotzer ganz verschwunden! Er schien geschrumpft zu sein, und eines Tages war er einfach nicht mehr da. Allem Anschein nach kann so eine Zecke den hohen Schwingungen der Bach-Blüten nicht widerstehen.

Hampshire, England

Meine Frau war in Eile, als sie das Wasser in unserer kleinen Goldfischkugel wechselte, so daß eine zu hohe Temperatur entstand. Die Fische erlitten einen Schock. Sie lagen auf der Seite, knapp unter der Wasseroberfläche, offensichtlich fast tot; nur noch ab und zu bewegten sich ihre Kiemen. Wir gaben mehrere Tropfen *Rescue Remedy* in das Wasser, und innerhalb einer Stunde hatten die Fische sich wieder völlig erholt. Die Frau, die im Zoo-Geschäft für Goldfische zuständig ist, versicherte mir, daß es beispiellos sei, daß Goldfische einmal einen Schockzustand überlebten, wie ich ihn ihr beschrieben hatte.

Texas, USA

Mein vierjähriger Hund hatte ein geschwollenes Auge und zeigte Symptome einer Allergie; er war unruhig, japste und hatte Atemschwierigkeiten. Ich gab mehrere Tropfen verdünntes *Rescue Remedy* auf sein Augenlid, auf die Nasenspitze und auf die Zunge. Innerhalb einer halben Stunde hatten die Atembeschwerden und die Unruhe stark nachgelassen, obwohl das Auge unserer

Hündin noch angeschwollen war. Bald wurde sie ganz entspannt und schläfrig, und nach zwei oder drei weiteren *Rescue Remedy*-Gaben ums Auge war die Schwellung ganz verschwunden.

Albuquerque, New Mexico, USA

Das Knie meines Pferdes war angeschwollen, und der Hengst konnte es überhaupt nicht mehr belasten. Ich rieb *Rescue Remedy-Creme* ein, und nach einer Viertelstunde konnte das Pferd leicht hinkend gehen. Ich rieb im Laufe des Tages noch zwei oder drei weitere Male von der Creme ein. Am nächsten Tag waren weder Schwellung noch Hinken wahrnehmbar.

Albuquerque, New Mexico, USA

Pflanzen

Außer den Menschen und Tieren helfen die Bach-Blütenmittel und *Rescue Remedy* den Berichten zufolge auch Pflanzen. Pflanzen sind häufig vom Zustand ihrer Umgebung und systemischen Schwächen betroffen, und das weitgehend auf die gleiche Weise wie auch Tiere und Menschen. So kann zum Beispiel das Entwurzeln einer Pflanze ohne besondere Vorsichtsmaßnahmen zu einem Schock führen, in einem solchen Falle könnte *Rescue Remedy* oder *Star of Bethlehem* Hilfe bringen. Erschöpfte oder ermattete Pflanzen erhalten durch die Bach-Blütenmittel *Olive* oder *Hornbeam* neue Energie. Von Ungeziefer befallene oder kranke Pflanzen lassen sich – abgesehen von anderen geeigneten Maßnahmen – durch die Bach-Blüte *Crab Apple* helfen. Andere Blütenmittel kann man auswählen, wenn eine Pflanze irgendwie 'verstimmt' ist; wenn man das Verhalten und die 'Persönlichkeit' der Pflanze genau beobachtet, wird man das richtige Mittel entsprechend aussuchen können. Eine große, von ihrer Umgebung Besitz ergreifende Pflanze könnte beispielsweise *Vine* brauchen; während eine kleine, zarte Pflanze, die sich zitternd-schüchtern verhält und wächst, eher die Bach-Blütenmittel *Aspen* oder *Mimulus* erhalten sollte.

Beim Abstauben stieß ich aus Versehen eines unserer Usambaraveilchen vom Regal, und es fiel kopfüber hinab. Kurze Zeit darauf hörte es auf, Wasser aufzunehmen, die Blüten fielen ab, und die Blätter hingen matt herab. Ich dachte, es sei an einem Schock gestorben, und fühlte mich schrecklich! Bad darauf entschloß ich mich, den Blümchen Bachs *Rescue Remedy* zu geben. Zuerst schienen nur ein paar Tropfen auf einmal schon eine wohltuende Wirkung zu erreichen, doch es dauerte einen Monat, bis die Pflanze sich wieder völlig erholte.

Bexhill-on-Sea, England

Wir hatten einen Zypressenstrauch, der im Frühjahr schwer unter dem Frost gelitten hatte. Wir gaben ihm zwei Wochen lang jeden Morgen *Rescue Remedy,* und er begann ein neues Leben. Jetzt ist er ganz glücklich und gesund.

Manchester, England

In meinem Garten habe ich bisher mehrere Verwendungsmöglichkeiten für *Rescue Remedy* gefunden. Ich plage mich immer wieder mit schwarzen Schnecken herum, vor allem auf den Rettichen, aber dieses Jahr sprenkelte ich Rescue Remedy direkt auf die Samen, bevor ich sie mit Erde bedeckte, und seitdem kommen fast keine Schnecken mehr zum Zuge.

Bei allen Verpflanzungen gebe ich ein paar Tropfen *Rescue Remedy* auf die Wurzeln, bevor ich sie eingrabe, und dann gieße ich eine Mischung von fünf Litern Wassern und acht Tropfen *Rescue Remedy.* Die Pflanzen wachsen danach immer gut an und weiter.

Diesen Frühling mußte ich dem Garten fernbleiben, manchmal bis zu einer vollen Woche. Oft stellte ich bei meiner Rückkehr fest, daß die Pflanzen etwas die Köpfe hängen ließen; doch wenn ich sie dann abends mit der *Rescue Remedy*-Mischung begoß, waren sie am nächsten Morgen wieder gesund und hübsch.

Amsterdam, Holland

Unsere Anemonen waren welk und schlapp und sahen aus, als würden sie eingehen. Wir gaben ihnen *Rescue Remedy*, und binnen drei Stunden strahlten sie wieder; ihre Stiele hatten sich gestärkt und die Blüten leuchteten fröhlich.

Acton, England

Einer meiner liebsten Miniatur-Rhododendren erlag der Trockenheit, während wir in Urlaub waren. Völlig entblättert und vertrocknet schien er ein hoffnungsloser Fall zu sein. Ich gab der einen Hälfte des Busches Notfalltropfen. Die so behandelte Hälfte ist jetzt mit gesunden grünen Blättern bedeckt, selbst mit Blütenknospen, während die unbehandelte Hälfte völlig tot ist.

Schottland

Als wir aus den Ferien nach Hause zurückkamen, entdeckte ich, daß unsere geliebte Sansevieria während unserer Abwesenheit einen Schock erlitten haben mußte. Sie war auf dem Fenstersims gestanden und hatte wohl unter dem plötzlichen Temperatursturz auf - 7°C Grad zu leiden gehabt. Die Blätter waren runzlig und eingerollt. Wir versuchten alles, um die Pflanzen wiederzubeleben, aber auf keine unserer Maßnahmen sprach sie an, bis wir sie mit einer Mischung aus Quellwasser und *Rescue Remedy* gossen, mit der wir auch ihre Blätter abwuschen. Am nächsten Morgen begann die Pflanze sich wieder zu öffnen, und nach zehn Tagen war sie wieder wohlauf und gesund. Jetzt geht es ihr gut, dank *Rescue Remedy.*

Colorado Springs, Colorado, USA

Wir hatten einen jungen Dattelpflaumenbaum, der vom Sturm umgelegt wurde und ungefähr dreißig Zentimeter über der Erde fast ganz durchgebrochen war; nur noch ein dünnes Rindenstück verband die beiden Teile.
Ohne viel Optimismus richteten wir den Baum wieder auf, verbanden die Wunde mit Bandagen, die wir in einer *Rescue Remedy*-Lösung getränkt hatten, und schienten das Stämmchen fest mit Holzspänen.
Ich hielt den Verband mit Notfalltropfen mehrere Tage lang feucht, und goß auch die Wurzeln reichlich mit einer schwachen Notfalltropfen-Lösung. Jetzt, nach diesem langen, strengen Winter, knospt unser kleiner Baum normal und zeigt keinerlei Anzeichen der Verletzung mehr.

England

Schlußfolgerungen

Aus den Berichten auf den vorangegangenen Seiten mag der Leser inzwischen geschlossen haben, daß die Heilwirkung des Bach-Blütenmittels *Rescue* auf Menschen, Pflanzen und Tiere erstaunlich, wenn nicht wunderbar scheint. Das Notfallmittel wirkt offenbar einzigartig bei jedem, der es in einer Krisensituation erhält – sei es, daß es zum Beispiel die Schmerzen eines Wespenstiches lindert oder bei einem Trauernden Frieden in die Seele einkehren läßt.

Es ist nicht der Zweck dieses Werkes, den Anspruch auf phänomenale Heilungen ernster Leidenszustände zu erheben, die nach professioneller Behandlung verlangen; es geht auch nicht darum zu behaupten, daß *Rescue* die herkömmliche schulmedizinische Praxis ersetzen sollte. Absicht dieses Buches ist vielmehr zu zeigen, daß *Rescue* in den vergangenen fünfzig Jahren ständig als ein Heilmittel verwendet worden ist, das sicher ist und von dem keinerlei unerwünschte Nebenwirkungen bekannt geworden wären.

Es hat sich gezeigt, daß *Rescue*, wenn herkömmliche Behandlungsmöglichkeiten oder Erste-Hilfe-Maßnahmen nicht zur Verfügung stehen, einen entscheidenden Unterschied in der Art der Genesung des Patienten bewirken kann, besonders im Sinne einer Erleichterung belastender Gemütszustände. Die Fallberichte zeigen ferner, daß *Rescue* den einzelnen beruhigen kann und Entsetzen, Angst und Schrecken, die mit Erkrankung oder Verletzung verbunden sind, zu lindern vermag und dadurch dem Leidenden hilft, seinem Trauma zu widerstehen, während professionelle Hilfe herbeigerufen wird. Selbst wenn eine medizinische Behandlung sofort zur Stelle ist, kann *Rescue* deren Möglichkeiten unterstützen, indem es ein Gefühl der Geborgenheit und Sicherheit vermittelt. Die Berichte weisen darauf hin, daß Psychotherapeuten und andere Behandler die Bach-Blütenmittel als eine unschätzbare Methode erkannt haben, Ängste und Spannungen zu beruhigen. Außer dem Gefühl der Geborgenheit vermittelt *Rescue* auch eine beträchtliche Beschleunigung des Heilprozesses von Schnittwunden, Verstauchungen, Quetschungen und anderen körperlichen Traumata bei Menschen, Tieren und sogar Pflanzen.

Rescue und die Bach-Blütenmittel sollte man nicht als Drogen oder abhängigmachende Krücken betrachten, sondern als Katalysatoren, die auf der mentalen und emotionalen Ebene des einzelnen ein Gleichgewicht herstellen. Diese Mittel ermöglichen es manchen, ihres inneren Wesens bewußter zu werden, und vermitteln häufig Einsichten, die dazu beitragen, künftigen Wiederholungen von Problemen oder Krankheiten vorzubeugen. Faktoren wie mangelnde Erreichbarkeit professioneller Kapazitäten, hohe Kosten, wirkungslose Behandlungsmethoden und unerwünschte Nebenwirkungen von Medikamenten haben dazu beigetragen, daß in der Gesellschaft von heute ein phänomenaler Anstieg des Interesses an medizinischer Selbstversorgung zu beobachten ist. Als Anzeichen für dieses wachsende Bewußtwerden stellte ein von der Komission für alternative Medizin in den Niederlanden zusammengestellter Bericht fest, daß das Recht des einzelnen, von alternativen bzw. komplementären Behandlungsweisen Gebrauch zu machen, respektiert werden sollte. In ähnlicher Richtung äußerte sich in den Vereinigten Staaten auch Joe Graedon, der für Drogen zuständige Redakteur von „Medical Self-Care" und Autor von *The People's Pharmacy* und *The People's Pharmacy II* und schrieb: „....Wenn die Arznei unschädlich und preisgünstig, die möglichen Erfolge aber groß sind, dann können Sie sich auch zu einem eigenen Experiment entschließen, ohne auf die Veröffentlichung der Ergebnisse von Doppelt-Blindversuchen zu warten. Teil der Selbstversorgung ist auch, auf Niemandsland zu achten, in dem manche recht respektablen Experten sagen, daß Therapie X funktioniert, aber das letzte Urteil noch nicht gefällt ist ... die letzte Entscheidung treffen Sie selbst."

Bis heute wurde *Rescue* noch nicht in klinischen Versuchen erprobt. Doch man kann davon ausgehen, daß eines Tages Forschungen durchgeführt werden, bei denen mittels klinischer Prüfungen die Heilwirkung von *Rescue* und den einzelnen Bach-Blütenmitteln bewiesen wird. Bis dahin mögen die in diesem Buch wiedergegebenen Aussagen von zahlreichen wissenschaftlich ausgebildeten Praktikern als Antwort auf Fragen nach der Sicherheit und Wirksamkeit von *Rescue* dienen. Auch wenn manche Kritiker einwenden werden, daß diese Zeugnisse subjektive Schilderungen seien, sollte erwähnt werden, daß die Geschichte der Pharmazie zahlreiche Beispiele kennt, in denen Aspekte der Volksmedizin später wissenschaftliche Bestätigung und Anerkennung erlangten.

Die hier abgedruckten Fallgeschichten stützen sich auf die Erfahrungen mit der Verwendung von *Rescue,* das vom Bach Centre in England hergestellt wurde. Wie bei vielen Qualitätserzeugnissen, die erfolgreich sind, werden häufig Imitationen auf den Markt gebracht – und die Bach-Blütenmittel sind hier keine Ausnahme.

Am 26. Oktober 1936, einen Monat vor seinem Tode, schrieb Dr. Edward Bach einen Brief an seinen Assistenten, Victor Bullen, in dem er voraussagte, daß andere kommen würden, die sein Heilungssystem verändern, ergänzen oder etwas daraus entfernen wollten. Er schrieb.:

„Lieber Vic,
Ich denke, jetzt haben Sie jede Phase dieses Werks gesehen.

Dieses letzte Erlebnis mit Doktor Max Wolf sollten wir begrüßen. Es ist ein Beweis für den Wert unseres Werkes, wenn materielle Mittel aufkommen, um es zu verdrehen, denn die Entstellung ist eine viel größere Waffe als der Versuch der Vernichtung.

Der Mensch bat um freien Willen, den Gott ihm gewährte, deshalb muß der Mensch immer eine Wahl haben.

Sobald ein Lehrer sein Werk der Welt übergeben hat, muß eine verzerrte Version desselben aufkommen.

Solches ist bei den Bescheidensten – wie uns selbst – geschehen, die wir unsere Dienste dem Wohl unserer Mitmenschen weihten, aber auch bis hin zu dem Höchsten von allen, der Göttlichkeit Christi.

Die Entstellung muß aufkommen, damit die Menschen die Auswahl haben zwischen dem Gold und dem Unrat.

Unser Werk ist standhaft in Verbindung zu halten mit der Einfachheit und Reinheit dieser Heilmethode; und wenn die nächste Auflage von *The Twelve Healers* notwendig wird, müssen wir eine längere Einführung haben, in der wir die Unschädlichkeit, die Einfachheit und die wunderbaren Heilkräfte der Mittel deutlich herausstellen, die uns von einer größeren Quelle offenbart wurden als unserem eigenen Intellekt.

Jetzt glaube ich, lieber Bruder, daß Sie – nun, da ich es als immer notwendiger empfinde, mich vorübergehend in die Einsamkeit zu begeben – die ganze Situation in der Hand haben und all die Angelegenheiten regeln können, die mit Patienten oder mit der Verwaltung dieses Heilungswerks verbunden sind, da ich weiß, daß Menschen wie wir selbst – die die Herrlichkeit der Selbstopferung gekostet haben, die Seligkeit, unseren Geschwistern zu helfen –, wenn ihnen einmal ein Kleinod solcher Herrlichkeit geschenkt ist, nichts mehr von ihrem Pfad der Liebe und des Dienens abbringen kann, seinen Glanz, rein und schmucklos, den Menschen der Welt zu zeigen."

Seit damals erfahren viele „Menschen der Welt" den Nutzen seines sanften Heilungssystems.

Ohne Dr. Bachs tiefes Erkennen und Verstehen des Wesens der Krankheit hätte sich sein sanftes System der Heilung nicht entwickelt.
Da nichts die originalen Schriften Dr. Edward Bachs ersetzen kann, mögen *Ihr leidet an euch selbst* und *Befreie dich selbst* dem Leser zur Anregung und Erbauung dienen.

Anhang A

IHR LEIDET AN EUCH SELBST
von EDWARD BACH
M.B., B.S., M.R.C.S., L.R.C.P., D.P.H.

Ansprache in Southport, im Februar 1931

Die Aufgabe, heute abend vor Ihnen zu sprechen, ist keine einfache.

Sie sind eine medizinische Gesellschaft, und ich komme zu Ihnen als Mediziner – doch die Medizin, über die gesprochen werden soll, ist so weit von den konventionellen Ansichten der heutigen Zeit entfernt, daß in dieser Abhandlung nur wenig zu finden sein wird, das nach Sprechzimmer, Pflegeheim oder Krankenstation schmekken wird, wie wir sie gegenwärtig kennen.

Wären Sie als die Anhänger Hahnemanns nicht ohnehin schon jenen weit voraus, die die Lehren Galens und der Schulmedizin der letzten zweitausend Jahre predigen, würde man sich fürchten, überhaupt diese Ansprache zu halten.

Aber die Lehre Ihres großen Meisters und seiner Nachfolger hat soviel Licht auf das Wesen der Krankheit geworfen und so viel von dem Wege offengelegt, der zur richtigen Behandlung führt, daß ich weiß, daß Sie bereit sein werden, mit mir einem weiteren Stück dieses Weges zu folgen und mehr von dem Glanz der vollkommenen Gesundheit und dem wahren Wesen von Krankheit und Heilung zu schauen.

Die Inspiration, die Hahnemann erfuhr, brachte der

Menschheit ein Licht in das Dunkel des Materialismus, in dem der Mensch so weit gekommen war, Krankheit allein als materielles Problem anzusehen, das nur durch materielle Mittel gelindert und geheilt werde.

Er wußte – wie Paracelsus –, daß Krankheit nicht bestehen konnte, wenn des Menschen spirituelle und mentale Aspekte sich in Harmonie befinden; und er ging daran, Arzneien zu finden, die unser Gemüt behandelten und somit Frieden und Gesundheit brächten.

Hahnemann machte einen großen Fortschritt und brachte uns ein gutes Stück weiter auf dem Wege, aber er hatte nur die Zeit eines Menschenlebens für dieses Werk, und so ist es an uns, seine Forschungen weiterzuführen, wo er aufgehört hat: das Gerüst der vollkommenen Behandlung zu erweitern, nachdem er so verdienstvoll das Fundament dieses Gebäudes gelegt hat.

Der Homöopath hat sich bereits von einem großen Teil der unnötigen und unwichtigen Aspekte der konventionellen Medizin getrennt, aber er muß noch weiter gehen. Ich weiß, daß Sie vorauszuschauen wünschen, denn weder das Wissen der Vergangenheit noch das der Gegenwart ist dem Wahrheitssucher genügend.

Paracelsus und Hahnemann lehrten uns, den Krankheitsdetails nicht zuviel Aufmerksamkeit zu widmen, sondern die Persönlichkeit, den inneren Menschen, zu behandeln aus der Erkenntnis, daß Krankheit verschwände, wenn unser spirituelles und mentales Wesen in Harmonie wären. Die breite Grundlage ihres Gebäudes ist die fundamentale Lehre, die wir weiterführen müssen.

Als nächstes erkannte Hahnemann, wie jene Harmonie herbeizuführen sei, und er fand heraus, daß er bei den

Arzneien und Heilmitteln der alten Schule und bei den Elementen und Pflanzen, die er selbst auswählte, die Wirkung durch Potenzierung umdrehen konnte, so daß die gleiche Substanz, die Vergiftungen und Krankheitssymptome nach sich zog, in winziger Menge gegeben, eben diese bestimmten Symptome heilen konnte, wenn man sie nach seiner speziellen Methode aufbereitete.

So formulierte er das Gesetz: "Gleiches heilt Gleiches", ein weiteres, großes, fundamentales Prinzip des Lebens. Und er überließ es uns, mit dem Bau des Tempels fortzufahren, dessen frühere Pläne ihm enthüllt worden waren.

Wenn wir der Richtung dieser Gedanken folgen, dann begegnen wir zuerst der tiefen Erkenntnis, daß es die Krankheit selbst ist, durch die "Gleiches Gleiches heilt" – denn Krankheit ist die Folge von falschem Tun. Sie ist die natürliche Konsequenz aus der Disharmonie zwischen unserem Körper und unserer Seele. Sie ist "Gleiches, das Gleiches heilt", weil es eben die Krankheit ist, die uns zurückhält und daran hindert, unser falsches Tun zu weit zu treiben, und zugleich ist sie eine Lektion, die uns lehrt, unsere Verhaltensweise zu korrigieren und unser Leben nach Maßgabe unserer Seele zu harmonisieren.

Krankheit ist das Ergebnis von falschem Denken und falschem Tun, und sie hört auf, wenn Tun und Denken in Ordnung gebracht sind. Wenn die Lektion von Schmerz und Leid und Not gelernt ist, dann haben diese keinen weiteren Daseinszweck, und sie verschwinden automatisch.

Das ist es, was Hahnemann etwas unvollständig durch "Gleiches heilt Gleiches" ausdrückte.

FOLGEN SIE MIR ETWAS WEITER.
Dann eröffnet sich ein anderer, herrlicher Ausblick, und hier sehen wir, daß echte Heilung zu erreichen ist: nicht durch Abwehren des Falschen, sondern so: Rechtes ersetzt Falsches, Gut ersetzt Böse, Licht ersetzt Finsternis.

Hier beginnen wir zu begreifen, daß wir Krankes nicht länger mehr mit Krankem bekämpfen, Leiden nicht länger mehr mit den Erzeugnissen des Leids abwehren und Gebrechen nicht länger mit solchen Substanzen auszutreiben versuchen dürfen, die sie verursachen können, sondern im Gegenteil die entsprechende Tugend herbeiführen, die den Fehler ausgleichen und beseitigen wird.
Das Arzneibuch der nahen Zukunft sollte nur jene Heilmittel enthalten, die die Kraft haben, das Gute herbeizuführen, und von all jenen Arzneien befreit sein, deren einzige Eigenschaft darin besteht, dem Bösen Widerstand entgegenzusetzen.
Es stimmt wohl, daß Haß durch größeren Haß besiegt werden kann, aber heilen kann ihn nur die Liebe. Grausamkeit kann durch eine größere Grausamkeit verhindert werden, aber sie wird nur dann beseitigt, wenn sich die Qualitäten von Mitgefühl und Mitleid entfaltet haben. Eine Angst mag verloren und vergessen scheinen, wenn eine größere Angst vorherrscht, aber die echte Heilung aller Angst ist vollkommener Mut.
So müssen wir aus dieser medizinischen Schule unsere Aufmerksamkeit auf jene schönen Heilmittel richten, die Gottes Hand in die Natur gegeben hat, um uns zu heilen; sie finden sich unter den wohltätigen, feinen Blumen und Pflanzen auf dem Lande.
Es ist anscheinend grundsätzlich falsch zu sagen, daß

"Gleiches Gleiches heilt". Hahnemann hatte wohl die richtige Vorstellung von der Wahrheit, aber er drückte sie unvollständig aus. Gleiches mag Gleiches stärken, Gleiches mag Gleiches abwehren, aber im eigentlichen Sinne des Heilens kann Gleiches nicht Gleiches heilen. Wenn man die Lehren Krishnas, Buddhas oder Christi hört, stößt man immer wieder auf die Aussage, daß Gutes das Böse überwindet. Christus lehrte uns, dem Bösen keinen Widerstand entgegenzusetzen, unsere Feinde zu lieben und jene zu segnen, die uns verfolgen – da gibt es nirgendwo ein "Gleiches heilt Gleiches". Und so müssen wir beim wirklichen Heilen und in der spirituellen Entwicklung immer danach streben, daß Gutes das Böse vertreibt, Liebe den Haß besiegt und Licht die Finsternis zerstreut. Also müssen wir alle Gifte, alle schädlichen Dinge meiden und nur das Wohltuende und Schöne verwenden.

Ohne Zweifel hatte Hahnemann sich mit seiner Potenzierungsmethode bemüht, Falsches in Richtiges zu verkehren, Gift in Heilmittel – aber es ist einfacher, die schönen und heilwirkenden Arzneien direkt zu gebrauchen.

Heilung, die höher steht als alle materialistischen Dinge und materialistischen Gesetze, ist ihrem Ursprung nach göttlich und nicht an irgendeine unserer Konventionen oder herkömmlichen Maßstäbe gebunden. Das heißt, daß wir unsere Ideale, unsere Gedanken und unsere Bestrebungen in jene herrlichen und lichten Ebenen erheben müssen, die uns die großen Meister gelehrt und gewiesen haben.

Denken Sie keinen Augenblick daran, daß man Sie von Hahnemanns Werk abbringt – im Gegenteil: Er zeigte die großen, grundlegenden Gesetze, die Basis. Aber er hatte nur ein Leben. Hätte er sein Werk weiter fortführen und entwickeln können, so wäre er ohne Zweifel in diese Richtung gegangen. Wir bringen sein Werk nur ein Stück voran und tragen es auf die nächste, natürliche Ebene weiter.

Wir wollen uns jetzt überlegen, warum die Medizin sich unausweichlich verändern muß. Die Wissenschaft in den letzten zweitausend Jahren hat Krankheit als einen materiellen Faktor betrachtet, der durch materielle Mittel eliminiert werden kann: Solches ist natürlich völlig falsch.

Krankheit des Körpers, wie wir sie kennen, ist ein Resultat, ein Endprodukt, ein letztes Stadium von etwas, das viel tiefer wurzelt. Krankheit entspringt oberhalb der körperlich-materiellen Ebene, näher der mentalen. Sie ist ganz das Resultat eines Konflikts zwischen unserem geistigen und dem sterblichen Selbst. Solange Harmonie zwischen diesen beiden Aspekten herrscht, sind wir vollkommen gesund; aber wenn es zu Dissonanzen kommt, folgt daraus das, was uns als Krankheit bekannt ist.

Krankheit ist einzig und allein korrektiv: Sie ist weder rachsüchtig noch grausam, vielmehr ist sie ein Mittel, dessen sich unsere Seele bedient, um uns auf unsere Fehler hinzuweisen, um uns davor zu bewahren, größeren Irrtümern zu verfallen, um uns daran zu hindern, größeren Schaden anzurichten, und um uns auf jenen Pfad der Wahrheit und des Lichtes zurückzuführen, den wir nie hätten verlassen sollen.

Krankheit dient in Wirklichkeit unserem Guten und ist wohltätig, doch wir sollten sie meiden, wenn wir nur das rechte Verständnis – verbunden mit dem Verlangen, das Rechte zu tun – besäßen.

Ganz gleich, welchen Fehler wir machen: er wirkt auf uns selbst zurück, verursacht Unglücklichsein, Unbehagen oder Leiden, seinem Wesen entsprechend. Das Ziel ist hierbei, uns die schädlichen Wirkungen falschen Tuns oder Denkens erkennen zu lassen, und indem wir ähnliche Auswirkungen an uns selbst bemerken, wird uns gezeigt, wie unser Verhalten anderen Leid bringt und damit im Widerspruch steht zu dem großen, göttlichen Gesetz der Liebe und Einheit.

Den wissenden Arzt weist die Krankheit selbst auf das Wesen des Konfliktes hin. Vielleicht belegen dies am besten einige Beispiele, um Ihnen zu demonstrieren, daß – ganz gleich, an welcher Krankheit Sie leiden mögen – die Ursache in einer Disharmonie zwischen Ihnen und dem Göttlichen in Ihrem Innern besteht, und daß Sie irgendeinen Fehler machen, einem Irrtum unterliegen, den Ihr höheres Selbst zu korrigieren versucht.

Schmerz ist die Folge von Grausamkeit, die anderen Schmerz bringt, und er kann mental oder körperlich sein. Seien Sie aber gewiß: Wenn Sie Schmerzen leiden, brauchen Sie nur in sich zu forschen, und Sie werden eine harte Handlungs- oder Denkweise finden, die in Ihrem Wesen besteht. Entfernen Sie sie, und Ihr Schmerz wird aufhören. Wenn Sie unter der Steifheit eines Gelenkes oder Gliedes leiden, dann können Sie gleichermaßen gewiß sein, daß Starrheit auch in Ihrem Denken besteht, daß Sie stur an irgendeiner Idee, einem Grundsatz, vielleicht einer Konvention festhalten, die Sie nicht unterstützen sollten. Falls Sie an Asthma oder Atemschwierigkeiten leiden, dann ersticken Sie selbst auf irgendeine

Weise eine andere Persönlichkeit – oder, mangels Mut, das Richtige zu tun, nehmen Sie sich selbst die Luft weg. Wenn Sie dahinsiechen, dann ist dies, weil Sie irgendjemandem erlauben, Ihre eigene Lebenskraft davon abzuhalten, Ihren Körper zu betreten.

Selbst der Teil des Körpers, der betroffen ist, gilt als ein Hinweis auf das Wesen des Fehlers. Die Hand weist auf Versagen oder Fehler im Tun; der Fuß auf das Versagen, anderen beizustehen; das Gehirn auf mangelnde Kontrolle; das Herz auf Mangel oder Übertreibung oder falsches Tun im Zusammenhang mit dem Liebe-Aspekt; das Auge auf Versagen, recht zu sehen und die Wahrheit zu erfassen, wenn sie vor einen gestellt wird. Und genau so kann die Ursache und das Wesen einer Krankheit festgestellt werden, die für den Patienten notwendende Lektion und die Korrektur, die vorzunehmen ist.

Werfen wir nun einen kurzen Blick auf das Krankenhaus der Zukunft.

Es wird ein Heiligtum des Friedens, der Hoffnung und der Freude sein. Da ist keine Eile, kein Lärm, kein einziger dieser erschreckenden Apparate und Maschinen von heute, kein Geruch nach Desinfektionsmitteln und Narkotika, nichts von all dem, was an Krankheit und Leiden erinnert. Da wird nicht immer wieder die Temperatur gemessen und die Ruhe des Patienten gestört, es sind keine täglichen Untersuchungen mit Abklopfen und Stethoskop, um dem Denken des Patienten das Kranksein einzuprägen. Da wird nicht ständig der Puls gefühlt, um den Eindruck zu erwecken, daß das Herz zu rasch schlägt. Denn all diese Dinge zerstören die Atmosphäre von Frieden und Ruhe, die so notwendig ist, damit der Patient bald genest. Auch Laboratorien werden nicht mehr nötig sein, denn auf die spitzfindige, mikroskopische Untersuchung des Details wird es nicht mehr ankommen, wenn erst einmal erkannt wurde, daß es der Patient ist, der behandelt werden soll, und nicht die Krankheit.

Zweck aller Einrichtungen wird die Schaffung einer Atmosphäre von Frieden, Hoffnung, Freude und gläubigem Vertrauen sein. Alles wird man unternehmen, um dem Patienten zu helfen, seine Krankheit zu vergessen, nach Gesundheit zu streben und zugleich den Fehler in seinem Wesen zu korrigieren und ein Verständnis der Lektion zu gewinnen, die zu lernen ist.

Alles an und in diesem Hospital der Zukunft wird erhebend und schön sein, so daß der Patient hier seine Zuflucht findet, nicht nur, um von seinem Leid befreit zu werden, sondern auch, um das Verlangen zu entwickeln, ein Leben zu führen, das mehr in Harmonie mit den Geboten seiner Seele ist, als es vorher war.

Das Hospital wird dem Kranken wie eine Mutter sein; es wird ihn in seine Arme aufnehmen, beruhigen und trösten, es wird ihm Hoffnung, Glaube und Mut bringen, um seine Schwierigkeiten zu überwinden.

Der Arzt von morgen wird erkennen, daß er selbst keine Kraft zu heilen besitzt, sondern daß – wenn er sein Leben in den Dienst an seinen Geschwistern stellt, wenn er das Wesen des Menschen so studiert, daß er seinen Sinn wenigstens zum Teil verstehen mag, wenn er aus tiefstem Herzen das Verlangen hat, Leiden zu lindern und alles für die Hilfe für die Kranken zu geben – das Wissen, den Kranken Weisung zu geben, und die Kraft der Heilung, ihren Schmerz zu lindern, durch ihn geschickt werden kann. Und selbst dann wird seine Kraft und Fähigkeit zu helfen proportional sein zur Intensität seines Verlangens und seiner Bereitschaft zu dienen. Er wird verstehen, daß Gesundheit – wie das Leben – von Gott kommt, und von Gott allein. Er wird begreifen, daß er und die Arzneien, die er gebraucht, bloße Instrumente, Mittler im göttlichen Plan sind, die helfen, den Leidenden auf den Weg des göttlichen Gesetzes zurückzuholen. Er wird kein Interesse an Pathologie oder pathologischer Anatomie haben, denn sein Studium gilt der Gesundheit. So wird es für ihn nicht von Belang sein, ob beispielsweise eine Kurzatmigkeit durch Tuberkelbazillen, Streptokokken oder irgendwelche anderen Erreger verursacht ist; stattdessen wird er sich bemühen, Kenntnis darüber zu erlangen, warum der Patient Atembeschwerden haben sollte. Es wird ohne Bedeutung sein zu wissen, welche der Herzklappen beschädigt oder fehlerhaft ist, aber umso wichtiger zu erkennen, in welcher Hinsicht der Patient den Liebe-Aspekt seines Wesens falsch entfaltet. Röntgenstrahlen werden dann nicht mehr zu Hilfe genommen, um ein arthritisches Gelenk zu untersuchen, sondern man wird das Denken des Patienten erforschen, um die Art der Starrheit dort zu entdecken.

Die Krankheitsprognose wird nicht mehr abhängig sein von körperlichen Anzeichen und Symptomen, sondern von der Fähigkeit des Patienten, seinen Fehler zu korrigieren und sich in Harmonie mit seinem geistigen Leben zu bringen.

Die Ausbildung des Arztes wird der eingehenden Beschäftigung mit dem Wesen des Menschen gewidmet sein, der tiefen Erkenntnis des Reinen und Vollkommenen und einem Verständnis der Göttlichkeit des Men-

schen sowie dem Wissen, wie den Leidenden beizustehen ist, auf daß sie ihr Verhalten in Harmonie mit ihrem
geistigen Selbst bringen und so Einklang und Gesundheit in die Persönlichkeit.

Der Arzt der Zukunft wird die Fähigkeit besitzen müssen, aus der Lebensgeschichte des Patienten den Konflikt zu erkennen, der die Unausgeglichenheit oder Disharmonie zwischen Leib und Seele verursacht, und so in
der Lage sein, den notwendigen Rat und die richtige Behandlung zur Erleichterung des Leidenden zu geben.

Er wird sich auch mit der Natur und ihren Gesetzen be-
fassen müssen sowie sich mit ihren Heilkräften ausken-
nen, damit er diese zum Wohle und Nutzen des Patienten einzusetzen vermag.

Die Behandlung der Zukunft wird dem Patienten im wesentlichen vier Qualitäten vermitteln:

Erstens: Frieden, zweitens: Hoffnung, drittens: Freude
und viertens: Glauben.

Alle Aufmerksamkeit und alle Aspekte der Umgebung
werden sich nach diesem Ziel zu richten haben. Den Patienten mit einer Atmosphäre von Gesundheit und Licht
zu umgeben, wird seine Genesung fördern. Zugleich
wird auf die Irrtümer des Patienten hingewiesen, die
festzustellen Aufgabe der Diagnose ist, und er soll Hilfe
und Zuspruch erhalten, um sie zu überwinden.

Darüber hinaus werden jene schönen Heilmittel, die von
göttlichen Heilkräften durchdrungen sind, verabreicht,
um jene Gefäße zu öffnen, die mehr von dem Licht der
Seele hereinlassen, so daß der Patient von heilenden
Qualitäten durchströmt wird.

Die Wirkung dieser Arzneien besteht darin, daß sie unsere Schwingungen anheben und unsere Gefäße für die

Aufnahme unseres geistigen Selbst öffnen, daß sie unser Wesen mit der bestimmten Tugend erfüllen, derer wir bedürfen, und den Fehler hinauswaschen, der Schaden und Leid verursacht. Wie schöne Musik oder irgendetwas anderes Erhebendes, das uns Inspiration schenkt, sind sie imstande, unser innerstes Wesen zu erheben und uns unserer Seele näherzubringen. Dadurch schenken sie uns Frieden und lindern unser Leiden.

Sie heilen, nicht durch einen Angriff auf die Krankheit, sondern indem sie unseren Körper mit den schönen Schwingungen unseres höheren, geistigen Wesens überfluten, in dessen Anwesenheit Krankheit hinwegschmilzt wie Schnee in der Sonne.

Und schließlich müssen sie die Einstellung des Patienten zu Krankheit und Gesundheit verändern: Völlig vorbei und der Vergangenheit angehören muß der Gedanke, daß Linderung zu erhalten sei durch Bezahlung mit Gold oder Silber. Gesundheit ist, wie das Leben selbst, göttlichen Ursprungs, und kann nur durch göttliche Mittel erlangt werden. Geld, Luxus, Reisen sind vielleicht äußerlich, auf den ersten Blick, in der Lage, uns eine Steigerung des körperlichen Wohlbefindens zu erkaufen; aber wahre Gesundheit können diese Dinge uns nie geben.

Der Patient von morgen muß verstehen, daß er, und nur er allein, sich Entlastung vom Leid verschaffen kann, auch wenn er Rat und Hilfe von älteren Geschwistern erhalten mag, die ihm bei seinem Bemühen zur Seite stehen.

Gesundheit ist da, wenn vollkommene Harmonie zwischen Seele, Gemüt und Körper herrscht. Diese Harmonie, und allein diese Harmonie, müssen wir erreichen, bevor eine Heilung erwirkt werden kann.

In der Zukunft wird man nicht Stolz darüber empfinden können, krank zu sein – im Gegenteil: Die Menschen werden sich des Krankseins schämen wie eines Vergehens. Und jetzt möchte ich Ihnen zwei Faktoren erläutern, die in diesem Lande vermutlich zu mehr Krankheit führen als jeder andere Grund: die großen Schwächen unserer Zivilisation – Habgier und Götzendienerei.

Krankheit ist uns natürlich als eine Zurechtweisung geschickt. Wir sind es ganz und gar selbst, die sie uns auferlegen; sie ist die Folge unseres falschen Tuns und falschen Denkens. Könnten wir unsere Fehler nur korrigieren und in Harmonie mit dem göttlichen Plan leben, würde uns keine Krankheit je erreichen.

In dieser, unserer Zivilisation wirft die Habgier über alles ihren Schatten. Es gibt da die Gier nach Wohlstand, Status, Position, weltlichem Ruhm, nach Komfort und Beliebtheit. Aber von diesen Aspekten der Gier wollen wir nicht reden, denn sie sind – vergleichsweise – harmlos.

Am schlimmsten ist jedoch die Gier, einen anderen zu besitzen. Wahrlich, sie ist so weit verbreitet unter uns, daß man sie fast als billig und anständig betrachtet. Aber das mindert nicht ihr Übel, denn das Verlangen, Besitz an einem anderen Individuum oder Einfluß auf eine andere Person zu haben, bedeutet doch, die Macht unseres Schöpfers an sich zu reißen.

Wieviele Leute unter Ihren Freunden oder Verwandten könnten Sie aufzählen, die wirklich frei sind? Wieviele sind es, die nicht durch irgendein anderes Menschenwesen gebunden, beeinflußt oder kontrolliert werden? Wieviele gibt es, die jederzeit, Tag für Tag, Monat um Monat, jahrein, jahraus, sagen können: „Ich folge den

Geboten meiner Seele, unbehindert durch den Einfluß anderer Menschen?"

Und doch ist jeder von uns eine freie Seele und allein Gott Rechenschaft schuldig über sein Tun, ja, sogar über seine Gedanken.

Möglicherweise ist die gewaltigste Lektion des Lebens, Freiheit zu lernen. Freiheit von Umständen, Umgebung, anderen Persönlichkeiten, und vor allem von uns selbst; denn solange wir nicht frei sind, sind wir unfähig, unseren Mitmenschen ganz zu geben und zu dienen.

Denken Sie daran: Ob wir Krankheit oder Not leiden, ob wir umgeben sind von Angehörigen oder Freunden, die uns eine Last sind; ob wir inmitten jener leben müssen, die uns befehlen und beherrschen, die unsere Pläne durchkreuzen und unser Fortkommen behindern – wir haben es selbst geschaffen. Es ist so, weil sich in uns selbst immer noch eine Spur von dem befindet, das die Freiheit eines anderen einschränkt – oder weil uns der Mut fehlt, unsere eigene Individualität zu behaupten, die unser Geburtsrecht ist.

In dem Augenblick, in dem wir selbst allen und allem um uns herum völlige Freiheit gegeben haben – wenn wir nicht mehr das Verlangen haben, zu binden und zu begrenzen; wenn wir von niemandem mehr irgendetwas erwarten; wenn all unser Denken allein 'Geben' heißt und nie mehr 'Nehmen' –, dann werden wir feststellen, daß wir frei sind von der ganzen Welt. Alle Fesseln werden von uns abfallen, unsere Ketten zerspringen, und zum ersten Male in unserem Leben werden wir die köstliche Freude vollkommener Freiheit erfahren. Befreit von allen menschlichen Beschränkungen sind wir dann der willige und freudige Diener unseres höheren Selbst allein. Die Macht des Besitzens hat sich im Westen so stark entwickelt, daß es großen Leids bedarf, bis die Menschen ihren Irrtum erkennen und umkehren werden. Je nach dem Umfang und der Art der Herrschaft über einander müssen wir leiden, solange wir uns eine Macht anmaßen, die nicht des Menschen ist.

Absolute Freiheit ist unser Geburtsrecht, und wir können es nur erlangen, wenn wir die gleiche Freiheit jeder Seele gewähren, die unser Leben betritt. Denn, wahrlich, wir ernten, wie wir säen, und "mit welcherlei Maß wir messen, so wird auch uns zugemessen werden".

Genau so, wie wir einem anderen Leben entgegenarbeiten, sei es jung oder alt, so muß es sich auf uns selbst auswirken. Wenn wir die Aktivität anderer begrenzen, können wir unseren eigenen Leib durch Steifheit in seiner Bewegungsfreiheit eingeschränkt finden; und wenn wir anderen noch dazu Schmerzen und Leid zufügen, müssen wir bereit sein, selbiges am eigenen Leibe zu ertragen, bis wir uns gebessert haben. Es gibt keine Krankheit, wie schwer sie auch sei, die nicht benutzt werden könnte, unser Tun zu überprüfen und unsere Richtung zu ändern.

Jene unter Ihnen, die durch andere leiden: Fassen Sie Mut! Denn es bedeutet, daß Sie jene Stufe Ihres Weges erreicht haben, in der Sie gelehrt werden, Ihre Freiheit zu gewinnen. Der Schmerz und das Leid, das Sie jetzt ertragen, lehrt Sie, Ihre Fehler selbst richtigzustellen; und sobald Sie den Fehler erkannt und korrigiert haben, sind Ihre Schwierigkeiten vorüber.

Solches in Angriff zu nehmen, bedeutet, äußerste Sanftmut zu üben und nie durch Gedanken, Wort oder Tat einen anderen zu verletzen. Denken Sie daran, daß alle Menschen ihr Heil selbst erarbeiten und durch das Leben gehen, um jene Lektionen zur Vervollkommung ihrer Seele zu lernen. Sie müssen das selbst tun, sie müssen ihre Erfahrungen selbst machen, sie müssen die Fallgruben dieser Welt kennenlernen und aus eigener Bemühung den Weg finden, der auf den Berggipfel führt. Das Äußerste, was wir tun können, wenn wir ein wenig mehr Wissen und Erfahrung als jüngere Geschwister besitzen, ist, sie behutsam zu leiten. Wenn sie darauf hören, ist es schön und gut; wenn nicht, dann müssen wir geduldig warten, bis sie weitere Erfahrung gewonnen haben, die ihnen ihren Fehler zeigt; dann können sie sich wieder an uns wenden.

Wir sollten bedacht sein, so sanft, so still und so geduldig Hilfe zu leisten, daß wir uns zwischen unseren Mitmenschen mehr wie ein Lufthauch oder ein Sonnenstrahl bewegen: allzeit bereit zu helfen, wenn sie uns bitten, ihnen aber nie unsere eigene Ansicht aufzuzwingen.

Jetzt möchte ich Ihnen von einem anderen großen Verhinderer der Gesundheit erzählen, der heutzutage sehr, sehr verbreitet ist, und noch dazu eine der größten Barrieren, denen die Ärzte in ihrem Bemühen zu heilen begegnen. Dieses Hindernis ist eine Form des Götzendienstes. Christus sagte: „Ihr könnt nicht Gott dienen und dem Mammon", und doch ist der Dienst am Mammon einer unserer mächtigsten Stolpersteine.

Es war einmal ein Engel, ein strahlender, herrlicher Engel. Der erschien Johannes, und Johannes fiel auf die Knie und betete ihn an. Aber der Engel sprach zu ihm: „Siehe, tue es nicht; ich bin dein und deiner Brüder Mitknecht. Bete Gott an." Und doch beten heute Zehntausende von uns nicht Gott an, nicht einmal einen hohen Engel, sondern einen Mitmenschen. Ich kann Ihnen versichern, daß eine der größten Schwierigkeiten, die überwunden werden muß, die Anbetung ist, die der Leidende einem anderen Sterblichen entgegenbringt.

Wie oft hört man doch:„Ich muß meinen Vater, meine Schwester, meinen Mann fragen." Was für eine Tragödie, zu denken, daß eine menschliche Seele, die ihre Göttlichkeit entfaltet, die Erlaubnis eines anderen Mitreisenden auf dem Entwicklungswege einholen müßte! Wem glaubt sie denn, ihren Ursprung, ihr Sein, ihr Leben zu verdanken – einem ihresgleichen oder ihrem Schöpfer?

Wir müssen verstehen, daß wir Gott Rechenschaft schulden für unser Tun und für unser Denken, und keinem außer Gott. Und sich darin beeinflussen zu lassen, fremden Wünschen zu fügen oder dem Verlangen eines anderen Sterblichen zu folgen, ist in der Tat Götzendienst. Die Strafe dafür ist hart, sie bindet uns mit Ketten, sie steckt uns in Gefängnisse und schränkt unser ganzes Leben ein – und das sollte sie auch, so verdienen wir es zu Recht, wenn wir den Geboten eines Menschenwesens folgen, während unser ganzes Selbst nur ein einziges Gebot kennen sollte – das unseres Schöpfers, der uns Leben und Verstehen schenkte.

Wisset also, daß der, der vor allem seiner Frau, seinem Kind, seinem Vater oder seinem Freund folgt, ein Götzendiener ist, der dem Mammon, aber nicht Gott dient.

Erinnern Sie sich der Worte Christi: „Wer ist meine Mutter, und wer sind meine Brüder?" Sie bedeuten, daß selbst wir alle, so gering und unbedeutend wir auch sein mögen, hier sind, um unseren Menschengeschwistern, um aller Menschheit und der Welt insgesamt zu dienen, und nie, auch nicht den winzigsten Augenblick, unter dem Wollen und Befehlen eines anderen Menschen stehen sollen, wenn dieses den Motiven entgegensteht, die wir als die Gebote unserer Seele kennen.

Seien wir Kapitäne unserer Seele, Meister unseres Schicksals (das heißt, lassen wir uns führen und anweisen ganz und allein vom Göttlichen in unserm Innern, ohne Zugeständnis an oder Hindernis von seiten irgendeines Menschen oder Umstandes), und leben wir allezeit in Übereinstimmung mit den und in Verantwortung vor den Gesetzen des Gottes, der uns das Leben gab.

Doch es gibt noch einen weiteren Punkt, auf den Sie aufmerksam werden sollen. Halten Sie sich immer das Gebot vor Augen, das Christus seinen Jüngern gab: „Widerstrebt nicht dem Übel." Krankheit und Falsches sind nicht zu besiegen im direkten Kampf; sondern, indem man sie durch Gutes ersetzt. Finsternis verschwindet im Licht, und ist nicht durch größeres Dunkel zu vertreiben; Haß wird durch Liebe überwunden, Grausamkeit durch Sympathie und Mitgefühl – und Krankheit durch Gesundheit.

Unser ganzes Ziel ist es, unsere Fehler zu erkennen und uns entsprechend zu bemühen, die entgegengesetzte Tugend zu entfalten, so daß der Fehler von uns abfällt, wie der Schnee unter der Sonne schmilzt. Kämpfen Sie nicht gegen Ihre Sorgen; kämpfen Sie nicht gegen Ihre Krankheit; hadern Sie nicht mit Ihren Schwächen – verlieren Sie sie vielmehr aus den Augen, wenn Sie sich auf die Entfaltung der Tugenden konzentrieren, derer Sie bedürfen.

Und so können wir zusammenfassend nun sehen, welche bedeutende Rolle die Homöopathie bei der Überwindung der Krankheit in der Zukunft spielen wird.

Nun, da wir uns dem Verständnis nähern, daß durch die Krankheit selbst "Gleiches Gleiches heilt", daß wir selbst sie geschaffen haben, uns als Zurechtweisung und letztlich zu unserem Wohle, daß wir sie vermeiden können, wenn wir nur die notwendigen Lektionen lernen und unsere Fehler richtigstellen, bevor die schwerere Lektion des Leidens notwendig wird. Das ist die ganz natürliche Fortsetzung von Hahnemanns großem Werk, die Weiterführung jener Gedanken, die ihm offenbart worden sind, die uns einen weiteren Schritt hin zum vollkommenen Verstehen von Krankheit und Gesundheit führt und die Kluft überbrückt zwischen der Phase, in der er uns und sein Werk verlassen hat, und dem Morgen jenes Tages, an dem die Menschheit jene Stufe ihrer Entwicklung erreicht haben wir, auf der sie die Herrlichkeit göttlicher Heilung direkt empfangen kann.

Der wissende und verstehende Arzt wird dann seine Arzneien sorgfältig aus den Heilpflanzen in der Natur, die von Gottes Hand befruchtet und gesegnet sind, auswählen und seinem Patienten helfen können, jene Gefäße aufzuschließen, die eine größere Einheit zwischen Seele und Körper erlauben, und damit die Entfaltung der Tugenden, die notwendig sind, um die Fehler auszulöschen. Das schenkt der Menschheit die Hoffnung auf wahre Gesundheit, die verbunden ist mit geistigem und spirituellem Fortschritt.

Für die Patienten wird es notwendig sein, daß sie darauf vorbereitet sind, der Wahrheit ins Auge zu sehen, daß Krankheit einzig und allein auf Fehler in ihnen selbst zurückzuführen ist, so wie der Tod der Sünde Sold ist. Sie werden das innere Verlangen besitzen müssen, diese Fehler zu berichtigen, ein besseres und nützlicheres Leben zu führen und zu erkennen, daß Heilung von ihren eigenen Bemühungen abhängig ist, auch wenn sie zum Arzt gehen, um dort Rat und Hilfe in ihren Schwierigkeiten zu erhalten.

Gesundheit läßt sich ebenso wenig durch Geld und Gold erwerben, wie ein Kind seine Ausbildung kaufen kann. Kein Geldbetrag kann dem Schüler das Schreiben beibringen; er muß es selbst lernen unter der Anleitung eines erfahrenen Lehrers. Und das gilt ebenso für die Gesundheit.

Es gibt zwei große Gebote: „Du sollst Gott und deinen Nächsten lieben." Wir wollen unsere Individualität entfalten, so daß wir die völlige Freiheit erlangen, dem Göttlichen in uns selbst zu dienen, und dem Göttlichen allein – und allen anderen ihre absolute Freiheit zu gewähren und ihnen soweit zu dienen, wie es in unseren Kräften liegt, nach dem Gebot unserer Seele und immer im Gedanken daran, daß im gleichen Maße, in dem unsere eigene Freiheit wächst, auch unsere Freiheit und Fähigkeit zunimmt, unserem Mitmenschen zu dienen.

So müssen wir uns also der Tatsache stellen, daß Krankheit allein unserem Tun zuzuschreiben ist, und daß der einzige Weg zur Heilung in der Richtigstellung unserer Fehler besteht. Alle wahre Behandlung hat das Ziel, dem Patienten zu helfen, seine Seele, sein Denken und seinen Körper in Harmonie zu bringen. Das kann er nur selbst tun, wenngleich Rat und Hilfe eines kundigen Mitmenschen ihn sehr dabei unterstützen können.

Wie Hahnemann bereits darlegte, ist jegliche Behandlung, die nicht von innen kommt, schädlich, und eine scheinbare Heilung des Körpers, die durch materialistische Methoden, allein durch das Tun anderer und ohne Selbsthilfe erreicht wird, mag gewiß körperlich Erleichterung bringen, aber Schaden für unser höheres Wesen; denn die notwendige Lektion bleibt ungelernt, und der Fehler ist nicht richtiggestellt worden.

Es ist schrecklich, an all die künstlichen und oberflächlichen Heilungen heutzutage zu denken, die durch Geld und falsche medizinische Methoden zu erhalten sind – falsche Methoden, weil sie lediglich Symptome unterdrücken, scheinbar Erleichterung verschaffen, ohne aber die Ursache zu beseitigen.

Heilung muß aus unserem Innern kommen, durch Anerkennen und Richtigstellen unserer Fehler und harmonisierendes Einstimmen unseres Wesens auf den göttlichen Plan. Und da der Schöpfer in seiner Barmherzigkeit gewisse mit göttlichem Segen erfüllte Pflanzen wachsen läßt, um uns zu unserem Sieg zu verhelfen, so laßt uns diese suchen und sie nach bestem Vermögen gebrauchen, auf daß sie uns stützen, wenn wir den Berg unserer Entwicklung erklimmen, bis zu jenem Tage, an dem wir den Gipfel der Vollendung erreichen.

Hahnemann hat die Wahrheit "Gleiches heilt Gleiches" erkannt, die eigentlich bedeutet: Krankheit heilt falsches Tun. Wahre Heilung ist eine Stufe höher als Krankheit: Liebe und all ihre Attribute vertreiben das Falsche.

Bei der korrekten Behandlung darf nichts Verwendung finden, das dem Patienten seine Eigenverantwortlichkeit abnimmt, sondern es dürfen nur solche Maßnahmen gebraucht werden, die ihm helfen, seine Fehler zu über-

winden. Wir wissen heute, daß gewisse Mittel im homöopathischen Arzneienschatz die Kraft besitzen, unsere Schwingungen zu erheben und so eine größere
Einheit zwischen unserem sterblichen und dem spirituellen Selbst zu schaffen und die Heilung durch die so erreichte, größere Einheit zu bewirken.

Und schließlich wissen wir, daß es unsere Aufgabe ist,
das Arzneimittelbuch zu säubern und neue Heilmittel
hinzuzufügen, bis es nur noch solche enthält, die dem
Menschen wohltun und ihn erheben.

Anhang B

BEFREIE DICH SELBST
von Edward Bach
M.B., B.S., M.R.C.S., L.R.C.P., D.P.H.

EINFÜHRUNG

Es ist unmöglich, Wahrheit in Worte zu fassen. Der Autor dieser Schrift wird nicht von dem Verlangen getrieben zu predigen, sondern hat eine starke Abneigung gegen diese Methode, Wissen zu vermitteln. Auf den folgenden Seiten hat er versucht, so klar und einfach wie möglich den Sinn unseres Lebens, den Nutzen der Schwierigkeiten, die uns belasten, und die Mittel zu zeigen, mit deren Hilfe wir unsere Gesundheit wiedererlangen können – ja, wie tatsächlich jeder von uns sein eigener Arzt werden kann.

KAPITEL I

So einfach ist sie, die Geschichte des Lebens.

Ein kleines Kind hat sich vorgenommen, rechtzeitig zum Geburtstag seiner Mutter ein Bild von einem Haus zu malen. In seiner Vorstellung hat das Mädchen das Haus schon fertig gemalt; sie weiß genau, wie es aussehen wird, bis hin zu der kleinsten Einzelheit, und muß es nur noch zu Papier bringen.

Sie holt den Farbkasten, den Pinsel und einen Lappen hervor und macht sich voller Begeisterung und Glück ans Werk. Ihre ganze Aufmerksamkeit und allen Fleiß konzentriert sie auf das, was sie tut – nichts kann sie von der Arbeit, die vor ihr liegt, abhalten.

Das Bild wird rechtzeitig zum Geburtstag fertig. So gut sie nur konnte, hat sie ihre Vorstellung von einem Haus Gestalt werden lassen. Es ist ein Kunstwerk, denn es ist alles ganz von ihr; jeden Pinselstrich hat sie aus Liebe zu ihrer Mutter gemacht, jedes Fenster, jede Tür gemalt voller Überzeugung, daß es genau an dieser Stelle zu sein hat. Und selbst wenn das Ganze aussieht wie ein Heuschober, ist es das vollkommenste Haus, das je gemalt wurde: Es ist ein Erfolg, weil die kleine Künstlerin Herz und Seele, ja, ihr ganzes Wesen hineingelegt hat. Das ist Gesundheit, das ist Erfolg und Glück und echter Dienst: Dienen durch Liebe in vollendeter Freiheit auf unsere eigene Weise.

So kommen wir in diese Welt herab: Wir wissen, welches Bild wir zu malen haben; den Weg durchs Leben haben wir bereits ausgearbeitet, und alles, was uns noch zu tun bleibt, ist, ihm materielle Gestalt zu geben. Voll Freude und Interesse gehen wir dahin, konzentrieren all unsere Aufmerksamkeit auf die Vervollkommnung jenes Bildes, und übertragen nach bestem Vermögen unsere Gedanken und Ziele in das physische Leben in der Umgebung, die wir uns gewählt haben.

Dann, wenn wir von Anfang bis Ende ganz unseren Idealen und unseren ureigenen Plänen mit aller Kraft folgen, die wir besitzen, dann gibt es kein Versagen, und unser Leben ist ein gewaltiger Erfolg geworden, gesund und glücklich.

Diese gleiche kleine Geschichte der kleinen Malerin wird uns aber auch illustrieren, wie – wenn wir sie zulassen – die Schwierigkeiten des Lebens jenen Erfolg, die Glückseligkeit und die Gesundheit durchkreuzen und uns von unserem Ziel abbringen.

Das Kind malt fleißig und glücklich, als jemand hereinkommt und sagt: „Warum machst du nicht hierhin noch ein Fenster, und dort eine Tür; und der Garten sollte natürlich auf dieser Seite sein." Die Folge wird sein, daß das Kind sein Interesse an der Arbeit völlig verliert. Vielleicht malt es weiter, aber nun bringt es nur noch die Vorstellung eines anderen zu Papier. Vielleicht wird sie mürrisch, gereizt, verärgert, unglücklich, vielleicht traut sie sich nicht, jene Vorschläge abzuweisen. Vielleicht fängt sie an, die Freude an ihrem Bild zu verlieren, es allmählich zu hassen und womöglich gar zu zerreißen. Ja, je nach der Art des Kindes wird seine Reaktion ausfallen.

Am Ende wird das Bild vielleicht ein erkennbares Haus zeigen, aber es ist ein unvollkommenes und mißlungenes, weil es die Deutung der Gedanken eines anderen darstellt, und nicht die Vorstellung des Kindes. Es hat keinen Wert als Geburtstagsgeschenk, weil es vielleicht nicht rechtzeitig fertig geworden ist, und die Mutter noch ein Jahr zu warten hat, bis sie ihr Geschenk erhält.

Das ist Krankheit: die Reaktion auf Störung. Das ist vorübergehendes Scheitern und Unglücklichsein, und es tritt ein, wenn wir zulassen, daß andere sich in unseren Lebenssinn einmischen und Zweifel in unser Denken säen oder Angst, oder Gleichgültigkeit.

KAPITEL II

Gesundheit hängt davon ab, daß wir in Harmonie mit unserer Seele sind.

Es ist von größter Wichtigkeit, daß die wahre Bedeutung von Gesundheit und Krankheit richtig verstanden wird.

Gesundheit ist unser Erbe, unser Geburtsrecht. Sie ist die vollständige und vollkommene Einheit von Seele, Gemüt und Körper, und das ist kein weit hergeholtes, schwer zu erreichendes Ideal, sondern so einfach und natürlich, daß es viele von uns schlicht übersehen haben.

Alle irdischen Dinge sind nur die Deutung, die Übertragung von geistigen Dingen. Hinter dem kleinsten, scheinbar unbedeutendsten Geschehnis steht göttlicher Sinn.

Wir alle haben eine göttliche Mission in dieser Welt, und unsere Seelen gebrauchen unser Gemüt und unseren Körper als Instrumente, um dieses Werk zu vollbringen, so daß – wenn alle drei im Einklang sind – das Resultat vollkommene Gesundheit und vollkommenes Glück sein wird.

Eine göttliche Mission bedeutet kein Opfer, keinen Rückzug aus der Welt, keine Abweisung der Freuden und Schönheit und Natur – im Gegenteil: die göttliche Sendung bringt mit sich eine umfassendere und tiefere Freude an allen Dingen. Das bedeutet, daß wir die Arbeit, die wir lieben, mit ganzem Herzen und ganzer Seele verrichten, sei es nun Haushalt, Landwirtschaft, Malen, Schauspielen oder das Bedienen unserer Mitmenschen im Haus oder Geschäft. Und diese Arbeit, ganz gleich, worin sie besteht, ist, wenn wir sie über alles lieben, der eindeutige Auftrag unserer Seele, das Werk, das wir in dieser Welt zu vollbringen haben, und das allein unserem wahren Selbst entspricht und auf gewöhnliche, materielle Weise die Botschaft jenes wahren Selbst ausdrückt.

Wie wohl wir diese Botschaft deuten, können wir also anhand unserer Gesundheit und unseres Glücksgefühls beurteilen.

Alle spirituellen Eigenschaften sind im vollkommenen Menschen vertreten, und wir kommen in diese Welt, um sie, eine nach der anderen, zu offenbaren, sie so zu vervollkommen und zu stärken, daß kein Erlebnis, keine Schwierigkeit, kein Problem uns schwächen oder von der Erfüllung dieser Sendung abhalten kann. Wir wählen selbst unsere Beschäftigung auf Erden sowie die äußeren Umstände, die die besten Voraussetzungen dafür bieten, daß wir aufs ganze geprüft werden. Wir kommen im vollen Wissen um unsere jeweilige Aufgabe; wir kommen mit dem unvorstellbaren Vorrecht zu wissen, daß alle unsere Schlachten schon gewonnen sind, bevor sie überhaupt ausgefochten werden, daß der Sieg unser ist, bevor wir überhaupt auf die Probe gestellt werden, weil wir wissen, daß wir die Kinder des Schöpfers und als solche göttlich sind, unüberwindlich und unbesiegbar. Mit diesem Wissen ist das Leben eine Freude. Mühsal und alle Erlebnisse können wir als Abenteuer ansehen, denn wir müssen nur unsere Kraft erkennen, unserer Göttlichkeit treu sein, und jene lösen sich auf wie Nebelschwaden im Lichte der Sonne. Gott gab seinen

Kindern wahrlich Gewalt über alle Dinge. Unsere Seele wird uns leiten, wenn wir nur auf sie horchen, unter allen Umständen, in jeder Schwierigkeit; und wenn Denken und Leib so ausgerichtet sind, werden wir durch das Leben gehen und Glück und vollkommene Gesundheit ausstrahlen; wir werden von allen Sorgen und jeglicher Verantwortung so frei sein wie das kleine, vertrauensvolle Kind.

KAPITEL III

Unsere Seelen, Kinder des Schöpfers, sind vollkommen, und alles, was sie uns sagen, dient unserem Wohle.

Gesundheit ist also die wahre Erkenntnis dessen, was wir sind: Wir sind vollkommen, wir sind Kinder Gottes. Da gibt es kein Streben nach dem, was wir bereits erlangt haben. Wir sind hier nur, um in materieller Gestalt jene Vollkommenheit zu manifestieren, die uns schon zu Anbeginn der Zeit geschenkt wurde. Gesundheit heißt, allein auf die Stimme der Seele zu hören, Vertrauen zu haben wie kleine Kinder, den Intellekt (jenen Baum des Wissens um Gut und Böse) mit seinem Vernünfteln, seinem Für und Wider, seinen vorgreifenden Ängsten zurückzuweisen, Konvention, unbedeutende Vorstellungen und Anweisungen anderer Menschen zu ignorieren, so daß wir unberührt, unbeschadet durchs Leben gehen können: frei, unseren Mitmenschen zu dienen.
Wir können unsere Gesundheit daran messen, wie glücklich wir sind, und anhand unseres Glücksempfindens können wir erkennen, daß wir den Geboten unse-

rer Seele Folge leisten. Es ist nicht notwendig, Mönch zu sein oder Nonne, oder sich vor der Welt zu verbergen. Die Welt ist da, damit wir uns ihrer erfreuen und ihr dienen, und nur, indem wir aus Liebe und Glück dienen, können wir wirklich von Nutzen sein und unser Bestes geben. Was aus einem Pflichtgefühl heraus getan wird – womöglich verbunden mit leichter Gereiztheit und Ungeduld –, ist überhaupt nichts wert; es ist lediglich Vergeudung kostbarer Zeit, während unser Nächster vielleicht wirklich unserer Hilfe bedarf. Wahrheit braucht nicht analysiert, diskutiert oder in viele Worte verpackt zu werden. Du erkennst sie im Bruchteil einer Sekunde; sie ist Teil von dir. Nur bei den unwesentlichen, komplizierten Dingen des Lebens brauchen wir die Überzeugungsgabe, und diese sind es, die zur Entfaltung des Intellekts geführt haben. Die Dinge, auf die es ankommt, sind einfach. Das sind solche Dinge, die einen sagen lassen: "Oh, das ist wahr; das habe ich anscheinend schon immer gewußt." Das gilt auch für das Glücksgefühl, das uns erfüllt, wenn wir uns in Harmonie mit unserem geistigen Selbst befinden; und je enger, je umfassender die Einheit ist, desto intensiver die Freude. Denke an das Leuchten, das man zuweilen auf dem Antlitz einer Braut am Hochzeitsmorgen sieht; die Verzückung einer Mutter über ihr neugeborenes Baby; die Ekstase eines Künstlers, der ein Meisterwerk vollendet hat – das sind die Augenblicke der Einheit mit dem Geistigen.

Stell dir vor, wie wunderbar das Leben wäre, wenn wir es ganz in solcher Freude lebten – und solches ist möglich, wenn wir ganz in unserem Lebenswerk aufgehen.

KAPITEL IV

Folgten wir unserem eigenen Instinkt, unseren eigenen Wünschen, unseren eigenen Gedanken, unserem eigenen Verlangen, sollten wir nie etwas anderes kennenlernen als Freude und Gesundheit.

Es ist auch kein weit hergeholtes, schwer zu erreichendes Ideal, die Stimme der eigenen Seele zu vernehmen; das war immer ganz leicht für uns, wenn wir es nur zugeben wollen. Einfachheit ist der Grundton der ganzen Schöpfung.

Unsere Seele (die kleine, sanfte Stimme im Innern; Gottes Stimme) spricht zu uns durch unsere Intuition, unsere Instinkte, unsere inneren Wünsche, Ideale, unsere gewöhnlichen Vorlieben und Abneigungen – auf die Weise, die für uns jeweils am leichtesten zu vernehmen ist. Wie sonst kann Er zu uns sprechen? Unsere echten Instinkte, Wünsche, Neigungen und Abneigungen sind uns gegeben, auf daß wir die geistigen Weisungen unserer Seele vermittels unserer begrenzten, körperlichen Wahrnehmung deuten können, denn nicht vielen von uns ist es möglich, in direkter Kommunikation mit ihrem höheren Selbst zu stehen. Diese Weisungen sollen unbedingt befolgt werden, weil allein die Seele weiß, welche Erfahrungen notwendig sind für die jeweilige Persönlichkeit. Ganz gleich, ob eine solche Weisung von innen belanglos oder wichtig scheint – ob es sich um den Wunsch nach einer weiteren Tasse Tee handelt oder das Verlangen nach einer vollkommenen Veränderung der Lebensgewohnheiten –, sollte sie bereitwillig befolgt werden. Die Seele weiß, daß Zufriedenheit die eine wirkliche Heilung für alles ist, was wir in dieser Welt als Sünde und Falsch bezeichnen, denn solange das ganze Wesen sich gegen eine bestimmte Tat auflehnt, ist dieser Fehler nicht ausgemerzt, sondern nur schlummernd. Das gilt ebenso, wie es viel besser und schneller ist, so lange von der Marmelade zu naschen, bis einem so schlecht wird, daß die Marmelade keinerlei Anziehungskraft mehr besitzt.

Unser wahres Verlangen, die Wünsche unseres wahren Selbst, dürfen wir nicht verwechseln mit den Wünschen und dem Wollen anderer Menschen, das so oft unserem Denken eingeprägt ist, oder mit dem Gewissen, das so häufig nur eine andere Bezeichnung für die gleiche Sache ist. Wir dürfen keine Rücksicht nehmen darauf, wie die Welt unser Tun deutet. Allein unsere Seele ist verantwortlich für unser Wohl, und unser Ruf ist in Seiner Obhut. Wir können beruhigt sein, daß es nur eine einzige Sünde gibt: nicht den Geboten des Göttlichen in uns zu folgen. Das ist die Sünde gegen Gott und unseren Nächsten. Diese Wünsche, Intuitionen, Gedanken sind nie egoistisch; sie gehen allein uns an und sind immer richtig für uns; sie bringen uns Gesundheit in Leib und Gemüt.

Krankheit im materiellen Körper ist das Ergebnis des Widerstandes der Persönlichkeit gegen die Weisung der Seele: wenn die 'kleine, sanfte Stimme' bei uns auf taube Ohren stößt, wenn wir die Göttlichkeit in unserm Innern vergessen, wenn wir versuchen, anderen unsere Wünsche aufzuzwingen oder zulassen, daß ihre Vorschläge, Gedanken und Befehle uns beeinflussen.

Je mehr wir von äußerlichen Einflüssen, von anderen Persönlichkeiten frei werden, desto mehr kann unsere

Seele uns gebrauchen, um Sein Werk zu vollbringen. Nur, wenn wir daran gehen, einen anderen zu kontrollieren und zu beherrscchen, sind wir egoistisch. Die Welt aber versucht uns zu sagen, daß es Egoismus wäre, seinem eigenem Verlangen zu folgen. Das geschieht, weil die Welt uns knechten will, denn nur, wenn wir unser wahres Selbst erkennen und ungehindert sein können, sind wir dem Wohle der Menschheit von Nutzen. Diese große Wahrheit drückte auch Shakespeare aus: "Deinem eigenen Selbst sei treu, und daraus muß folgen, wie die Nacht auf den Tag, daß du dann gegen keinen anderen untreu sein kannst."

Die Biene, die sich auf ihrer Suche nach Honig für eine ganz bestimmte Blüte entscheidet, ist das Mittel, durch das der Blütenstaub übertragen wird, der notwendig ist für das Leben künftiger Pflanzen.

KAPITEL V

Das Zulassen der Einmischung von anderen Menschen ist es, was unser Lauschen auf die Gebote unserer Seele unterbindet, und was Disharmonie und Krankheit bringt. In dem Augenblick, in dem der Gedanke eines anderen Einlaß in uns findet, lenkt er uns von unserem wahren Weg ab.

Gott gab jedem von uns sein Geburtsrecht, eine Individualität, zu eigen. Er gab jedem von uns seine bestimmte Aufgabe, die nur er erfüllen kann. Er gab jedem von uns seinen bestimmten Weg, dem er folgen soll, und in den niemand dreinreden darf. Laßt uns darauf achten, daß wir nicht nur keine Einmischung zulassen, sondern, und noch wichtiger, daß wir auf keine wie auch immer geartete Weise irgendeinem anderen Menschen dreinreden. Darin liegt wahre Gesundheit begründet, wahres Dienen und die Erfüllung unseres Zieles auf Erden.

Störungen gibt es in jedem Leben, sie sind Teil des göttlichen Planes, und sie sind notwendig, damit wir lernen können, ihnen mutig entgegenzutreten. Ja, wir können sie als wirklich nützliche Gegner betrachten, die allein dazu da sind, uns zu helfen, an Stärke zu gewinnen, unserer Göttlichkeit gewahr zu werden und unsere Unbesiegbarkeit zu erkennen. Wir dürfen auch wissen, daß sie nur dann, wenn wir zulassen, daß sie uns beeinträchtigen, an Bedeutung und Macht gewinnen und dazu tendieren, unser Weiterkommen zu blockieren. Es liegt ganz allein bei uns, wie rasch wir vorangelangen: ob wir eine Störung unserer göttlichen Mission zulassen, ob wir die Manifestation einer Störung (Krankheit genannt) annehmen und erlauben, daß sie unseren Körper beeinträchtigt und verletzt – oder ob wir, als Kinder Gottes, diese Störungen gebrauchen, um uns desto fester unserer Bestimmung zu besinnen.

Je mehr Schwierigkeiten auf unserem Weg sichtbar werden, desto gewisser können wir sein, daß unsere Mission lohnend ist. Florence Nightingale erreichte ihr Ideal angesichts des Widerstandes einer ganzen Nation. Galilei glaubte, daß die Erde rund ist, obgleich die ganze Welt dies ablehnte, und aus dem häßlichen Entchen wurde ein schöner Schwan, obwohl die ganze Familie es verhöhnte.

Wir haben nicht das geringste Recht, uns in das Leben

irgendeines Kindes Gottes einzumischen. Jeder von uns
hat seine eigene Aufgabe, die zu erfüllen er ganz allein
die Macht und das Wissen besitzt. Nur, wenn wir diese
Tatsache vergessen und versuchen, unsere Aufgabe anderen aufzuzwingen, oder zulassen, daß sie unsere Arbeit stören, gelangen Reibung und Disharmonie in unser Wesen.

Diese Disharmonie – Krankheit – manifestiert sich im
Körper, denn dieser dient lediglich dazu, das Wirken der
Seele widerzuspiegeln – wie das Antlitz Glücksgefühle
durch ein Lächeln, Zorn hingegen durch Stirnrunzeln
wiedergibt. Im Größeren gilt das gleiche: Der Körper re-
flektiert die wahren Ursachen von Krankheit (das sind
Dinge wie Angst, Unentschlossenheit, Zweifel etc.) in
der Störung seiner Organe und Gewebe.

Krankheit also ist Resultat von Einmischung: Einmischung in das Leben eines anderen oder Zulassen, daß
andere uns selbst stören.

KAPITEL VI

*Alles, was wir zu tun haben, ist, unsere Persönlichkeit zu
bewahren, unser Leben selbst zu leben, unser Lebens-
schiff auf seiner Fahrt selbst zu steuern – und alles wird
gut sein.*

Es gibt gewisse Haupteigenschaften, in denen alle Menschen sich allmählich vervollkommnen, wobei sie sich
nach Möglichkeit auf jeweils eine oder zwei konzentrieren. Das sind jene Qualitäten, die durch die Erdenleben
aller großen Meister offenbart wurden, die von Zeit zu

Zeit in diese Welt kommen, um uns zu lehren und uns den leichten und einfachen Weg sehen zu helfen, all unsere Schwierigkeiten zu überwinden. Es sind dies Eigenschaften wie –

LIEBE
MITGEFÜHL
FRIEDEN
STANDHAFTIGKEIT
SANFTMUT
STÄRKE
VERSTÄNDNIS
TOLERANZ
WEISHEIT
VERGEBUNG
MUT
FREUDE

Durch Entfaltung und Vervollkommnung dieser Attribute in uns trägt jeder dazu bei, daß die Welt einen Schritt weiter, ihrem höchsten, unvorstellbar herrlichen Ziel entgegengehoben wird. Dann erkennen wir, daß wir nicht einem egoistischen Ziel oder persönlichem Verdienst nacheifern, sondern daß buchstäblich jedes Menschenwesen, sei es reich oder arm, hohen oder niederen Standes, im göttlichen Plan die gleiche Bedeutung besitzt, und jedem das gleiche, gewaltige Privileg geschenkt wurde, Erretter der Welt zu sein – einfach durch das Wissen, ein vollkommenes Kind des Schöpfers zu sein.

Während es diese Qualitäten, diese Schritte zur Vollkommenheit gibt, sind da auch Hindernisse oder Störungen, die dazu dienen, uns in unserer Entschlossenheit und

Standfestigkeit zu stärken. Diese sind die wahren Ursachen von Krankheit, und darunter zählen –

ZWANG
ANGST
RUHELOSIGKEIT
UNENTSCHLOSSENHEIT
GLEICHGÜLTIGKEIT
SCHWÄCHE
ZWEIFEL
FANATISMUS
UNWISSENHEIT
UNGEDULD
SCHRECKEN
KUMMER

Diese Attribute werden sich, wenn wir es zulassen, im
Körper widerspiegeln und zu dem führen, was wir
Krankheit nennen. Da wir die wahren Ursachen nicht
verstehen, haben wir Disharmonien äußeren Einflüssen
zugeschrieben – Krankheitskeimen, Kälte, Hitze –, und
haben den Resultaten Namen gegeben – Arthritis,
Krebs, Asthma etc. – und meinen, daß Krankheit im materiellen Körper beginnt.
Weiterhin gibt es verschiedene Gruppen in der Menschheit, und jede Gruppe erfüllt ihre jeweilige Funktion, das
heißt, sie manifestiert in der materiellen Welt die bestimmte Lektion, die sie gelernt hat. Jeder Angehörige
dieser Gruppen hat seine ganz bestimmte, eigene Persönlichkeit, eine bestimmte Aufgabe, und einen bestimmten, individuellen Weg zur Erfüllung dieser Aufgabe. Es gibt auch Ursachen für Disharmonie, die –
wenn wir nicht an unserer Persönlichkeit und unserer

Aufgabe festhalten – sich in Form von Krankheit in unserem Körper auswirken können.

Wirkliche Gesundheit ist Glücksempfinden, und dieses Glück ist so leicht zu spüren, weil es das Glück über die kleinen Dinge ist: jene Dinge zu tun, die wir wirklich liebend gerne tun, und mit den Menschen zu sein, die wir wirklich mögen. Da gibt es kein Bemühen, Anstrengung, Jagen nach etwas Unerreichbarem; Gesundheit ist für uns da, und wir können sie annehmen, wann immer wir möchten. Es gilt also, herauszufinden, für welche Arbeit wir tatsächlich geeignet sind, und diese dann zu tun. So viele unterdrücken ihre eigentlichen Wünsche und sind dann immer am falschen Platze: Auf Wunsch der Eltern wird der Sohn zum Anwalt, ein Soldat, ein Geschäftsmann, während er selbst eigentlich von Herzen gerne Zimmermann geworden wäre. Oder, weil die Mutter den Ehrgeiz hat, ihre Tochter gut verheiratet zu sehen, verliert die Welt eine zweite Florence Nightingale. Dieses Pflichtgefühl ist dann ein falsches Pflichtgefühl, und kein Dienst an der Welt; es führt zu einem unglücklichen Leben, dessen größerer Teil vermutlich vergeudet wird, bevor sich der Fehler richtigstellen läßt.

Es war einmal ein Meister, der da sagte: "Wisset ihr nicht, daß ich sein muß in dem, das meines Vaters ist?" Das heißt, daß er seiner Göttlichkeit zu folgen hatte und nicht seinen irdischen Eltern.

Laßt uns das eine im Leben suchen, das uns am meisten anzieht, und es tun. Laßt dieses Eine derart Teil von uns sein, daß es uns so natürlich und selbstverständlich wird wie das Atmen, so natürlich, wie das Honigsammeln für die Biene, wie das herbstliche Abwerfen des Laubes für den Baum, um neue Blätter hervorzubringen, wenn der Winter vorüber ist. Wenn wir die Natur studieren, stellen wir fest, daß jedes Geschöpf, jeder Vogel, jeder Baum und jede Blume ihre eigene und bestimmte Aufgabe hat, durch die es der Gesamtheit des Universums hilft und sie bereichert. Schon der Regenwurm, der seiner täglichen Beschäftigung nachgeht, trägt dazu bei, daß die Erde gereinigt und verfeinert wird; die Erde sorgt für die Nährstoffe alles Grünen; die Pflanzenwelt wiederum ernährt alles tierische Leben, und wird schließlich wieder zu Erde, die sie bereichert. Ihr Leben ist ein Leben voll Schönheit und Nützlichkeit, und ihr Werk ist ihnen so natürlich wie das Leben selbst.

Und das uns eigentümliche Werk – wenn wir es finden –, gehört so zu uns, paßt so zu uns, daß es mühelos vonstatten geht, es ist leichte Arbeit, es ist eine Freude, wir werden nie müde, es zu tun, es ist wie unser Hobby. Es bringt unsere wahre Persönlichkeit zum Vorschein, all die Talente und Fähigkeiten, die in jedem von uns schlummern und warten, daß sie offenbart werden. In solcher Arbeit fühlen wir uns glücklich und wohl, und nur, wenn wir glücklich sind (das heißt, den Weisungen unserer Seele folgen), können wir unser Bestes geben.

Vielleicht haben wir unsere Aufgabe schon gefunden; was für eine Freude ist das Leben dann! Manche haben bereits von Kindheit an ein Wissen um das, was zu tun sie bestimmt sind, und halten sich ihr ganzes Leben daran. Andere wissen es schon in der Kindheit, werden davon aber abgebracht durch Gegenvorschläge und die Umstände, oder durch die Entmutigung durch andere. Doch wir alle können zu unserem Ideal zurückgelangen, und selbst wenn wir es nicht sofort verwirklichen können, steht uns doch frei, danach zu streben; dann wird uns schon dieses Streben Trost sein, denn unsere Seele ist sehr geduldig mit uns. Das rechte Verlangen, die rechte Motivation: das ist es, worauf es ankommt, was zählt; das ist der eigentliche Erfolg – ganz gleich, was dabei herauskommt.

Wenn du also lieber ein Landwirt wärst als ein Rechtsanwalt; ein Barbier statt eines Busfahrers, oder ein Koch anstelle eines Lebensmittelhändlers, dann wechsle deine Beschäftigung und sei, was du sein willst. Dann wirst du glücklich sein und dich wohlfühlen, dann wirst du mit Begeisterung arbeiten, und dann wirst du als Landwirt, Barbier oder Koch bessere Arbeit leisten, als du je in einem Beruf erreicht hättest, der nie zu dir gehörte.

Und dann wirst du den Weisungen deines geistigen Selbst folgen.

KAPITEL VII

Wenn wir erst einmal unsere eigene Göttlichkeit erkannt haben, dann ist der Rest einfach.

Im Anfang gab Gott dem Menschen Gewalt über alle Dinge. Der Mensch, das Kind des Schöpfers, hat eine tiefere Ursache für seine Disharmonie als ein kalter Luftzug vom offenen Fenster. Unser 'Fehler liegt nicht in den Sternen, sondern in uns selbst', und wie tief können wir uns von Dankbarkeit und Hoffnung erfüllen lassen, wenn wir erkennen, daß auch die Heilung in uns liegt! Beseitigen wir die Disharmonie, die Angst, den Schrecken oder die Unentschlossenheit, und wir gewinnen die Harmonie zwischen Seele und Gemüt wieder, und der Körper ist wieder vollkommen in all seinen Teilen. Was auch immer die Krankheit sein mag, das Ergebnis dieser Disharmonie, so dürfen wir doch ganz sicher sein, daß die Heilung wohl in unseren Kräften und Möglichkeiten liegt, denn unsere Seele verlangt nie etwas von uns, das wir nicht leicht zu tun vermögen. Jeder von uns ist ein Heiler, weil jeder von uns in seinem Herzen eine Liebe zu etwas besitzt, zu unseren Mitmenschen, zu Tieren, zur Natur, zur Schönheit in irgendeiner Form; und jeder von uns hegt den Wunsch, dies zu schützen und dazu beizutragen, daß es mehr wird. Jeder von uns empfindet auch Mitgefühl gegenüber jenen, die in Not sind, und das ist ganz natürlich, denn wir alle sind selbst irgendwann einmal in unserem Leben in Not gewesen. So vermögen wir uns nicht nur selbst zu heilen, sondern haben auch das große Vorrecht, anderen helfen zu können, sich selbst zu heilen, und die einzigen Voraussetzungen, die dazu nötig sind, sind Liebe und Mitgefühl.

Wir, die Kinder des Schöpfers, haben alle Vollkommenheit in uns, und wir kommen auf diese Welt nur, um unsere Göttlichkeit zu erkennen. Alle Prüfungen und Erlebnisse werden uns also unberührt lassen, denn durch die göttliche Kraft sind uns alle Dinge möglich.

KAPITEL VIII

Die heilenden Pflanzen sind jene, denen die Kraft gegeben ist, uns zu helfen, unsere Persönlichkeit zu bewahren.

Wie Gott uns in seiner Gnade Nahrung zum Essen gegeben hat, so hat er unter die Blumen des Feldes schöne

Pflanzen gesetzt, die uns heilen, wenn wir leidend sind. Diese Blumen sind da, um dem Menschen in seinen dunklen Stunden des Vergessens eine helfende Hand entgegenzustrecken, wenn er das Bewußtsein seiner Göttlichkeit aus dem Sinn verliert und den trüben Wolken der Angst oder des Schmerzes erlaubt, seine Sicht zu verdecken.

Solche Pflanzen sind –

Wegwarte (Chicory; Cichorium intybus)
Gefleckte Gauklerblume (Mimulus; Mimulus guttatus)
Odermenning (Agrimony; Agrimonia eupatoria)
Einjähriger Knäuel (Scleranthus; Scleranthus annuus)
Gemeine Waldrebe (Clematis; Clematis vitalba)
Tausendgüldenkraut (Centaury; Centaurium umbellatum)
Bitterer Enzian (Gentian; Gentiana amarella)
Eisenkraut (Vervain; Verbena officinalis)
Bleiwurz (Cerato; Ceratostigma willmottiana)
Drüsentragendes Springkraut
    (Impatiens; Impatiens glandulifera)
Gemeines Sonnenröschen
    (Rock Rose; Helianthemum nummularium)
Sumpfwasserfeder (Water Violet; Hottonia palustris)

Jede dieser Pflanzen korrespondiert mit einer der Qualitäten, und ihre Bestimmung ist es, diese Qualität zu stärken, auf daß die Persönlichkeit sich über den Fehler erheben kann, der gerade der Stolperstein ist.

Die folgende Liste zeigt die Qualität (Tugend), den Fehler (Schwäche) und das Heilmittel, das der Persönlichkeit hilft, diesen Fehler aufzulösen.

Fehler	Blüte	Tugend
Zwang	Chicory	Liebe
Angst	Mimulus	Mitgefühl
Ruhelosigkeit	Agrimony	Friede
Unentschlossenheit	Scleranthus	Standsicherheit
Gleichgültigkeit	Clematis	Freundlichkeit
Schwäche	Centaury	Stärke
Zweifel	Gentian	Verständnis
Fanatismus	Vervain	Toleranz
Ignoranz	Cerato	Weisheit
Ungeduld	Impatiens	Vergebung
Schrecken	Rock Rose	Mut
Kummer	Water Violet	Freude

Die Heilmittel sind mit einer klaren Heilungskraft gesegnet, die nicht vom Glauben abhängig ist und auch nicht
davon, wer die Mittel verabreicht – wie ein Schlafmittel
den Patienten einschlafen läßt, ob er es von der Schwester oder vom Arzt erhält.

KAPITEL IX

Das wahre Wesen der Krankheit

Bei der echten Heilung spielen das Wesen und der
Name der körperlichen Krankheit überhaupt keine
Rolle. Krankheit des Körpers ist an sich nichts anderes
als das Ergebnis einer Disharmonie zwischen Seele und
Gemüt. Sie ist nur ein Symptom der Ursache, und da die
gleiche Ursache sich bei fast jedem Menschen auf eine
andere Weise manifestiert, gilt es, die Ursache zu besei-

tigen, und die Auswirkungen derselben, wie auch immer sie aussehen mögen, werden dann von selbst verschwinden.

Das können wir deutlicher verstehen, wenn wir den Selbstmord als Beispiel nehmen. Nicht jeder Selbstmörder geht ins Wasser. Manche stürzen sich von einem Turm, andere nehmen Gift – aber hinter jedem steht die Verzweiflung. Helft ihnen, ihre verzweifelte Hoffnungslosigkeit zu überwinden und findet ihnen etwas oder jemanden, wofür es sich zu leben lohnt, und sie werden auf Dauer geheilt sein. Ihnen einfach das Gift wegzunehmen, wird sie nur für den Augenblick retten; später könnten sie einen weiteren Versuch anstellen. Auch die Angst wirkt sich auf Menschen verschieden aus: Manche werden bleich, andere werden rot, die einen reagieren hysterisch, die anderen sind sprachlos. Erkläre ihnen die Angst, zeige ihnen, daß sie groß genug sind, um sich jedem zu stellen und alles zu überwinden, dann kann sie nichts mehr verängstigen. Das Kind wird keine Angst mehr vor den Schatten an der Wand haben, wenn du ihm eine Kerze gibst und ihm zeigst, wie es die Schatten auf und ab tanzen lassen kann.

Solange haben wir die Ursachen der Krankheit dem Erreger, dem Wetter und unserer Nahrung zugeschoben – aber viele von uns bleiben während einer Grippewelle immun, viele lieben den kalten Wind, und viele können spät abends noch Käse essen und schwarzen Kaffee trinken, ohne, daß es ihnen etwas ausmacht. Nichts in der Natur kann uns schaden, wenn wir glücklich und in Harmonie sind – im Gegenteil: die ganze Natur ist da, daß wir uns ihrer erfreuen und Gebrauch von ihr machen. Nur, wenn wir Zweifel und Niedergeschlagenheit, Unentschlossenheit oder Angst Einlaß gewähren, werden wir äußerlichen Einflüssen gegenüber empfindlich.

Deshalb ist es die wahre Ursache hinter der Krankheit, worauf es vor allem und allein ankommt: der Gemütszustand des Patienten nämlich, und nicht der Zustand seines Körpers.

Jede Krankheit, wie ernst sie auch sei und wie lange sie schon währen mag, wird geheilt, wenn es gelingt, dem Patienten sein Glücksgefühl wiederherzustellen und den Wunsch, sein Lebenswerk zu erfüllen. Sehr häufig ist es nur eine geringfügige Veränderung seiner Lebensweise, irgendeine winzige, aber festgefügte Vorstellung, die ihn anderen gegenüber intolerant sein läßt, oder irgendein falsch verstandenes Verantwortungsgefühl, das ihn knechtet, während er soviel Gutes vollbringen könnte.

Es sind sieben schöne Stufen bei der Heilung von Krankheit, und diese sind –

    FRIEDE
    HOFFNUNG
    FREUDE
    GLAUBEN
    GEWISSHEIT
    WEISHEIT
    LIEBE

KAPITEL X

Um Freiheit zu gewinnen – gewähre Freiheit.

Das höchste Ziel aller Menschen ist Vollkommenheit, und um dahin zu gelangen, muß der Mensch lernen, unbeeinträchtigt durch alle Erfahrungen zu gehen. Er muß allen Störungen und Versuchungen begegnen, ohne sich von seinem Kurs ablenken zu lassen. Dann ist er frei von allen Schwierigkeiten des Lebens, von aller Drangsal und allem Leiden. Er hat in seiner Seele vollendete Liebe gesammelt, Weisheit, Mut, Toleranz und Verständnis, die die Frucht dessen ist, der alles kennt und sieht, denn der vollendete Meister ist jener, der jeden Aspekt seines Geschäftes kennengelernt hat.

Diese Reise können wir zu einem kurzen, freudvollen Abenteuer machen, wenn wir erkennen, daß Freiheit von Fesseln nur durch Gewähren von Freiheit zu gewinnen ist. Wir werden frei, wenn wir andere freilassen, denn nur durch das Beispiel können wir lehren. Wenn wir jedem Menschenwesen Freiheit gewährt haben, dem wir begegnen, wenn wir jedem Lebewesen, allem in unserer Umgebung Freiheit gewährt haben, dann sind wir selbst frei. Wenn wir sehen, daß wir nicht einmal in der geringsten Nebensächlichkeit versuchen, das Leben eines anderen zu beherrschen, zu kontrollieren oder zu beeinflussen, dann werden wir feststellen, daß es auch in unserem Leben keine störende Einmischung mehr gibt, weil jene, die wir binden, es sind, die uns binden. Es war einmal ein gewisser Jüngling, der so gebunden war durch seinen Besitz, daß er eine göttliche Gabe nicht annehmen konnte.

Wir können uns so leicht von der Dominierung durch andere befreien: Erstens, indem wir ihnen absolute Freiheit gewähren, und zweitens, indem wir ganz sanft, ganz liebevoll ablehnen, von ihnen beherrscht zu werden. Lord Nelson war sehr klug, als er bei einer Gelegenheit das Fernrohr an sein blindes Auge hielt. Keine Gewalt, keine Bitterkeit, keinen Haß, keine Unfreundlichkeit. Unsere Gegner sind unsere Freunde, ihretwegen lohnt sich das Spiel, und an seinem Ende sollten wir uns alle die Hände schütteln.

Wir dürfen nicht erwarten, daß die anderen tun, was wir wollen; ihre Vorstellungen sind für sie die richtigen Vorstellungen, und auch wenn ihr Weg in eine andere Richtung führen mag als unserer, ist doch das Ziel am Ende der Reise für uns alle dasselbe. Wir stellen fest, daß wir es sind – wenn wir wollen, daß andere unseren Wünschen entsprechen –, die ihnen nicht mehr nachkommen.

Wir sind wie Frachtschiffe mit Bestimmungshäfen in den verschiedenen Ländern der Erde – einige auf dem Weg nach Afrika, andere nach Kanada, wieder andere nach Australien –, die zum gleichen Heimathafen zurückkehren. Warum sollten wir einem anderen Schiff nach Kanada folgen, wenn unser Bestimmungshafen in Australien ist? Das wäre doch eine große Verzögerung.

Aber vielleicht erkennen wir nicht, welche Kleinigkeiten uns binden, daß genau die Dinge, die wir festhalten wollen, es sind, die uns fesseln: das kann ein Haus sein, ein Garten, ein Möbelstück – auch sie haben ihr Recht auf Freiheit. Weltliche Besitztümer sind schließlich vergänglich; sie lassen Sorge und Kummer in uns entstehen, weil wir im Innern wissen, daß sie am Ende und unausweichlich verloren gehen. Sie sind da, daß wir uns ihrer erfreuen, sie bewundern und nach besten Möglichkeiten nutzen, aber nicht, um soviel Bedeutung zu gewinnen, daß sie Ketten werden, die uns fesseln.

Wenn wir jeden und alle in unserer Umgebung frei lassen, dann werden wir feststellen, daß wir selbst reicher an Liebe und Besitz geworden sind, als wir je zuvor waren, denn die Liebe, die Freiheit schenkt, ist die große Liebe, die umso enger verbindet.

KAPITEL XI

Heilung

Seit unvordenklichen Zeiten hat die Menschheit erkannt, daß unser Schöpfer in seiner Liebe Pflanzen für unsere Heilung auf dem Felde wachsen läßt, wie er auch das Korn und die Früchte zu unserer Ernährung gibt.

Astrologen, die die Sterne studiert haben, und Kräuterkundige, die die Pflanzen studiert haben, suchten schon immer jene Arzneien, die uns helfen, unsere Gesundheit und Freude zu bewahren.

Um das Kraut zu finden, das uns helfen wird, müssen wir zuerst das Ziel unseres Lebens finden, das, was zu tun wir erstreben, und auch die Schwierigkeiten auf unserem Wege verstehen. Die Schwierigkeiten nennen wir Fehler und Versagen, aber wir wollen uns nicht um sie kümmern, denn sie sind der Beweis dafür, daß wir nach Größerem streben. Unsere Fehler sollten uns ermutigen, denn sie zeigen uns an, daß wir ein hohes Ziel gesetzt haben. Laßt uns für uns selbst herausfinden, in welcher

Schlacht wir besonders kämpfen, welchen Feind wir vor allem zu besiegen versuchen, und dann dankbar jene Pflanze nehmen, die uns zum Sieg zu Hilfe gesandt ist. Wir sollten diese schönen Blumen des Feldes als ein Sakrament empfangen, als die Gottesgabe unseres Schöpfers, die uns in unserer Bedrängnis hilft.

Bei der wahren Heilung gilt kein einziger Gedanke der Krankheit. Es ist der Zustand des Denkens, die mentale Schwierigkeit allein zu bedenken. Es kommt darauf an, wo im göttlichen Plan wir einen Fehler machen. Die Disharmonie mit unserem geistigen Selbst kann zu hundert verschiedenen Gebrechen des Körpers führen (denn unser Körper reproduziert schließlich nur den Zustand unseres Gemüts) – aber was zählt dies schon? Wenn wir unser Denken korrigieren, wenn wir unser Gemüt richtigstellen, dann wird der Körper bald geheilt sein. Es ist, wie Christus uns sagte: "Welches ist leichter zu sagen: Dir sind deine Sünden vergeben, oder zu sagen: Stehe auf, nimm dein Bett und wandle?"

So wollen wir also abermals deutlich zu verstehen geben, daß unsere körperliche Krankheit ohne jeglichen Belang ist; es ist der Zustand unseres Gemüts, und dieser allein, worauf es ankommt. Deshalb brauchen wir – die Krankheit, an der wir leiden, gänzlich ignorierend – nur zu überlegen, zu welchem der folgenden Typen wir gehören.

Sollte sich irgendeine Schwierigkeit bei der Wahl deines Arzneimittels einstellen, dann wird es hilfreich sein, wenn du dich fragst, welche der Tugenden du bei anderen Menschen am meistens bewunderst, oder welchem der Fehler du bei anderen Menschen am meisten Abneigung entgegenbringst; denn jener Fehler, von dem in uns noch die geringste Spur geblieben ist und den wir besonders bemüht sind auszumerzen, ist der, den wir bei anderen am meisten verabscheuen zu sehen. Auf diese Weise jedoch werden wir aufgerufen, ihn in uns selbst auszulöschen.

Wir alle sind Heiler, und mit Liebe und Mitgefühl in unserem Wesen vermögen wir auch jedermann zu helfen, der sich wirklich nach Gesundheit sehnt. Suche nach dem herausragenden mentalen Konflikt im Patienten, gib ihm die Arznei, die ihm helfen wird, jenen bestimmten Fehler zu überwinden, und dazu allen Zuspruch und soviel Hoffnung, wie du aufbringen kannst, dann wird die Heilungskraft in ihm den Rest von selbst vollbringen.

Die echten Bach-Blütenmittel

Da die Bach-Blütenmittel äußerst nützlich und beliebt sind, erscheinen allmählich auch andere, ähnliche Produkte auf dem Markt. Folgende Information soll als Hilfe dienen, die echten Bach-Blütenmittel und das Notfallmittel (Erste-Hilfe-Tropfen) von anderen Erzeugnissen zu unterscheiden, sowie einige der falschen Vorstellungen zu klären, die im Zusammenhang mit diesen Unterschieden bestehen.

Der Begriff *Rescue Remedy* ist in den USA markenzeichenrechtlich geschützt. Dies gilt ebenfalls für die Bezeichnung *Bach Flower Remedies,* die sich auf die 38 verschiedenen Blütenmittel sowie auf die hinter ihnen stehende, einzigartige Lehre des Heilens bezieht. Alle 38 Bach-Blütenmittel sind offiziell als fertige homöopathische Arzneimittel anerkannt und als solche im *Supplement to the Eight Edition of the Homoeopathic Pharmacopeia of the United States* (Anhang zur achten Ausgabe des homöopathischen Arzneibuches der Vereinigten Staaten) aufgeführt.

Die Bach-Blütenmittel und das Notfallmittel werden nur an einem einzigen Ort der Welt hergestellt, und zwar im Bach Centre in England, wo man bis zum heutigen Tage noch von den gleichen Wildpflanzen-Standorten Gebrauch macht, die Dr. Bach dereinst entdeckt hatte. Ähnliche Produkte, die an einem anderen Ort der Welt hergestellt sind und vorgeben, Bach-Blütenmittel oder Notfalltropfen zu sein, sind dies nicht; sie können auch nicht beweisen, den Bach-Blütenmitteln zu 'entsprechen'. Einige dieser jüngeren Erzeugnisse sind überhaupt nicht aus Pflanzen oder Blüten hergestellt, sondern mit Hilfe radionischer oder anderer Apparate entstanden, die 'die Schwingung' echter Blumen angeblich verdoppeln oder steigern. Manche der anderen Produkte sind wohl aus echten Blüten hergestellt, aber nicht aus jener Art, die für die originalen Bach-Blütenmittel Verwendung findet. Darüber hinaus sind auch Erzeugnisse auf dem Markt, die regelrechte – unerlaubte – Verdünnungen der echten Bach-Blütenmittel und der Notfalltropfen sind. Bedauerlicherweise bezieht sich ein Teil der im Verkehr befindlichen Literatur und zuweilen auch das Flaschenetikett auf den Namen Dr. Bachs. Damit wird leicht der falsche Eindruck erweckt, daß es sich bei derartigen Produkten um echte Bach-Blütenmittel oder *Rescue (Remedy)* handelt, was jedoch nicht der Fall ist.

Alle echten Bach-Blütenmittel, auch die *Rescue (Remedy)-Tropfen,* gibt es nur in konzentrierter Form und in Fläschchen. *Rescue (Remedy)* ist darüber hinaus auch als Creme erhältlich. Diese offiziell anerkannten Präparate* entsprechen den verbindlichen Gesetzen und Vorschriften der FDA sowie den homöopathischen Warenauszeichnungs- und Qualitätskontrollverordnungen. Unerlaubte Verdünnungen (selbst von Bach-Blütenmittel-Händlern), die zum Kauf angeboten werden, genügen in vielen Fällen nicht diesen strengen Vorschriften. Auch wenn sie kleiner erscheinen, kann man aus dem Inhalt der 10 ml-Originalfläschchen gut siebzig dreimal so große Flaschen der verwässerten Erzeugnisse herstellen. Darüber hinaus haben diese Verdünnungen nur eine

---

*) der Verfasser bezieht sich hier auf die Situation in den USA (Anm. d. Hrsg.)

begrenzte Haltbarkeit und kosten den Endverbraucher schließlich mehr, als wenn er das echte Bach-Blütenmitel-Konzentrat direkt gekauft hätte.

Was die echten Bach-Blütenmittel einschließlich des Notfallmittels letztlich von ähnlichen Produkten unterscheidet, ist mehr als der Name *Bach.* Sie sind seit mehr als einem halben Jahrhundert weltweit in Gebrauch und haben sich immer wieder als sichere, sanfte und wirkungsvolle Arznei erwiesen, was zahllose Ärzte, nichtärztliche Therapeuten und private Verwender bestätigen. Wenn Sie sicher sein wollen, echte Bach-Blütenmittel oder Notfalltropfen zu erwerben, dann achten Sie auf den Namen des Herstellers *(Bach Centre, England)* auf dem Etikett. Die Freiheit und das Recht auf Auswahl sind uns allen wichtig; ebenso wichtig aber sind Information und Wissen, die zu einer klugen Wahl Voraussetzung sind.

**Bezugsquellen
für Bach-Blütenmittel und Rescue-Remedy**

Mit allen Anfragen wenden Sie sich bitte an:

Bach Flower Remedies Ltd.
Dr. E. Bach Centre
Mount Vernon, Sotwell, Wallingford,
Oxfordshire OX10 0PZ, England

Offizielle Vertriebsstellen für –
Deutschland, Österreich und die Schweiz:
Auskünfte und Beratung über den Bezug und die An-
wendung der Bach-Blüten-Essenzen, die "Dr. Bach Blü-
ten-Seminare" und sämtliche Angelegenheiten der
Bach-Blüten-Therapie in Deutschland, Österreich und
der Schweiz erhalten Sie vom
Dr. Edward Bach-Centre, German Office, Eppendorfer
Landstraße 32, 2000 D-Hamburg 20, Tel.: 040/461041
Holland und Belgien:
Holland Pharma , Postbus 37, 7240 AA Lochem, Holland,
Tel. (0 57 30) 28 84
Dänemark:
Camette, Murervej 16, DK-6700 Esbjerg, Tel. (05) 15 54 44
USA und Kanada:
Ellon (Bach U.S.A.) Inc., P.O. Box 320, Woodmere,
N.Y. 11598, U.S.A., Tel.: (516) 5 93 22 06
Australien:
= Nonesuch Botanicals Pty. Ltd., P.O. Box 68, Mount
Evelyn, Victoria 3796, Tel. (03) 7 62 85 77
= Martin & Pleasance Wholesale Pty. Ltd., P. O. Box 4,
Collingwood, Victoria 3006, Tel.: (03) 4 19 97 33

Bibliographie

Die hier aufgeführten englischsprachigen Veröffentlichungen sind einzeln in broschierter Form vom Verlag C.W.Daniel (1 Church Path, Saffron Walden, Essex CB10 1JP, England) zu beziehen. Die nämlichen Bücher sowie Informationen über Bach-Blütentherapie-Literatur in anderen Sprachen erhalten sie direkt von: The Bach Centre, Mount Vernon, Sotwell, Wallingford, Oxfordshire OX10 0PZ, England.

1. *The Bach Flower Remedies* (enthält folgende drei Veröffentlichungen in einem Band:) *Heal Thyself* von Dr. Edward Bach, *The Twelve Healers and Other Remedies* von Dr. Edward Bach, und *The Bach Remedies Repertory* von Dr. Frances J. Wheeler (C.W.Daniel 1931, 1933, 1952)
2. *The Medical Discoveries of Edward Bach, Physician* von Nora Weeks (C.W. Daniel 1940)
3. *The Handbook of the Bach Flower Remedies* von Philip M.Chancellor (C.W. Daniel 1971)
4. *The Guide to the Bach Flower Remedies* von Julian Barnard (C.W. Daniel 1979)
5. *Introduction to the Benefits of the Bach Flower Remedies* von Jane Evans (C.W. Daniel 1974)
6. *Dictionary of the Bach Flower Remedies* von T.H. Jones (Selbstverlag des Autors, Surrey, England 1976)

Deutschsprachige Literatur

1. Edward Bach: *Blumen, die durch die Seele heilen* (enthält die drei Werke *Die achtunddreißig Heiler,* das *Blüten-Essenzen-Repertorium* und *Heile dich selbst,* also inhaltlich entsprechend Position 1. der englischen Literatur-Liste), Hugendubel Verlag, München 1979
2. Mechthild Scheffer: *Bach Blütentherapie – Theorie und Praxis,* Hugendubel Verlag, München 1981
3. Mechthild Scheffer: *Erfahrungen mit der Bach-Blütentherapie,* Hugendubel Verlag, München 1984
4. Dr. med. Götz Blome: *Mit Blumen heilen,* Bauer Verlag, Freiburg 1985
5. Peter Damian: *Astrologie und Bach-Blütentherapie,* Aquamarin Verlag, Grafing 1986

INDEX

Ackersenf, 49
Adoleszens, 46
ängstlich, 46,85,119,153
Aesculus carnea, 43
Aesculus hippocastanum, 44
Agrimony, 213,214
Agrimonia eupatoria, 45, 213
Akupunktur, 141
allergische Reaktionen, 89
Alpträume, 42, 113
Angst, 17,30,36ff, 41ff, 47, 52, 54,
64, 68, 77, 81, 108ff, 115, 125, 138,
142, 145, 155, 159, 168, 176, 197,
206, 211ff
Annehmen seiner selbst, 76
Aqua petra, 48
Arnica, 139
Arthritis, 28, 208
Aspen, 42, 163
Asthma, 37, 69, 179, 208

Bach-Blütenmittel: ff, Vorteil:
39, Echtheit 222 ff
Bach-Centre, 225, 227
Bach Remedy News Letter, 35
Backster, 57
Beech, 48
Besorgnis, 17, 102
Bettnässen, 113
Beule, 56, 67, 71, 79
Bitterer Enzian, 43, 213
Blackie, Margery, 65, 82
Blauer Fleck, 56
Bleiwurz, 43, 213
Brief an Victor Bullen, 171ff
Bromus ramosus, 43
Buche, 9

Bullen, Victor, 39, 171
Calluna vulgaris, 45f
Cancer Help Centre, Bristol,
England, 10, 82
Carpinus betulus, 43
Castanea sativa, 47
chem. Medikamente, 135
Centaurium umbellatum, 46f, 213
Centaury, 46, 213f
Cerato, 43, 213
Ceratostigma willmottianum,
43, 213
Cherry Plum, 42
Chestnut Bud, 45
Chicory, 48, 213
Chiropraktik, 54, 90
Clematis, 30, 44, 52, 213f,
Clematis vitalba, 30, 44, 52, 213
Crab Apple, 47, 158, 164
Cromer, 32, 53

Darmbakterien, 27, 28
Depressionen, 68, 83, 99, 120
Diamond, John, 115
Dohle, 149
Drogen, 39, 46, 66, 81, 169f
Drüsentrag. Springkraut, 45,
52f, 213

Edelkastanie, 47
Eifersucht, 46, 64
Einsamkeit, 17, 41, 142, 172
Einjähriger Knäuel, 43, 213
Eisenkraut, 48, 213
Ejakulation, vorzeitig, 77
Ekzem, 136, 153f
Elm, 47

Entbindung, 78, 115, 117, 119, 124ff
Entzündung, 56, 71, 86
Erschöpfung, 44, 87, 106, 109, 112, 126, 143
Erschütterung, 79, 83, 105
Espe, 42

Fahrprüfung, 78
FDA (Food and Drug Administration), 223
Fehlgeburt, 127
Feldmais, 155
Fingernägel, 135

Geburt, 57, 61f, 72, 119, 125f, 142f, 186f, 195ff, 204
Geburtstrauma, 142
Gefleckte Gauklerblume, 30, 42, 213
Gehirnerschütterung, 149
Geißblatt, 44
Gelenkschmerzen, 75
Gem. Waldrebe, 30, 44, 52f, 213
Gemeines Sonnenröschen, 42, 52f, 213
Gentian, 43, 213
Gentiana amarella, 43, 212
Goldfisch, 162
Gorse, 43, 123
Goldiger Milchstern, 47, 53
Graedon, Joe, 170
Gesundheit – Bachs Lehre, 13, 35

Hahnemann, Samuel, 20, 28, 35, 173ff, 177, 191ff
Hainbuche, 43
Heimweh, 44
Haustier, 64, 137
Hautkrankheiten, 66, 74

Hämorrhoiden, 56
Heather, 45
Heckenrose, 44
Heilen, 176
Helianthenum nummular, 42, 52
Herzoperation, 123, 133
Hippokrates, 20, 30
Hoffnungslosigkeit, 123, 215
Holly, 46
Holzapfel, 47
Homöopathie, 28, 191
Honeysuckle, 44
Hornbeam, 43, 163
Hospiz, 70
Hottonia palustris, 45, 218
Huhn, 157
Hunde, 153 ff.
hyperaktiv, 68, 103
Hypoglykämie, 106, 132
Hysterie, 42, 52, 54, 64, 69

Ilex aquifolium, 46
Impatiens, 30, 45, 52, 213f
Impatiens glandulif., 30, 45, 52

Juglans regia, 46

Katzen, 132, 143, 148, 150ff, 157,
Känguruh, 155
Kinder, 17, 26, 61, 64, 68, 71, 86, 91, 96, 103, 112f, 115, 118, 121f, 149, 160f, 199f, 205, 211
Kinesiologie, 75
Kiefer, 46, 61, 68, 80, 93, 103, 154
Kirschpflaume, 42, 52f
Klassenzimmer-Phobie, 77
Kolik, 125
Kopfschmerzen, 28
Krankheit – Bachs Lehre, 13, 35, 90

Krisen, 19, 23, 52, 67, 72, 74, 84, 102, 124, 141f, 144, 146, 168
Kummer, 44, 46, 214, 218
Kupferfalter, 150
Kühe, 56

Lamm, 163
Lampenfieber, 103, 112
Lärche, 46
Lehre Edward Bachs, 13, 28, 35, 40, 45, 173f, 177, 192, 222
Lippen, aufgesprungen, 32, 53, 55, 95, 134f
London Homoeopathic Hospital, 16, 65

Maimonides, 30
Malus pumila, 47
Marathonlauf, 87
Meditation, 112
med. Ausbildung Bachs, 182, 192
Melancholie, 44
Menstruation: Angst, 108, Schmerzen, 135
mentale Zustände: akut, 67, negativ, 20, 30, 39, 46, 80, 128
Mimulus, 30, 42, 121, 164, 213, 214
Mimulus guttatus, 30, 42, 213
Mongolismus, 120
Mount Vernon, 33ff
Murray, Nickie, 15f, 34, 120
Musiker, 103
Muskeln, 52, 56, 71, 75, 79, 87, 100, 134
Mustard, 44
Nebenhöhlenentzündung, 133
Nebennieren-Erschöpfung, 106
Nervosität, 54, 99f, 112
Neugeborene, 72, 115, 125, 143
Niederlande, Komission für

alternative Medizin in den - 169
Nosoden, 29
Notfälle, siehe S. 218

Oak, 121, 123
Odermenning, 45, 213
Ohnmachtsgefühl, 69
Olea europaea, 44
Olive, 44, 164
Operation, 57, 80, 92f, 98f, 133, 140ff, 144, 146f
Ornithogalum umbell., 47, 53

Panik, 42, 52, 54, 69, 99f, 106, 126, 131, 145, 147
Paracelsus, 20, 30, 174
Pferde, 56, 159, 163
Pflanzen, 14, 24, 31, 57, 63, 164ff, 168ff, 175f, 193, 204, 210, 212f, 219
Pfoten, aufgesprungen, 151, 159
Phobien, 77
Pine, 46
Pitcairn, Richard H., 11f, 16, 139f
Populus tremula, 42
psychosomatische Probl., 142

Quellwasser, 48, 85, 167

Ramsell, 15, 34, 120
Rauchen, 114
Red Chestnut, 43
Reise, 18, 31, 86, 97, 148, 184, 217f
Rock Rose, 42, 52, 213f
Rosa canina, 44
Royal London Homoeopathic Hospital, 16, 65

Schafszecke, 160
Schauspielerei, 36
Scheidung, 103

Schlaflosigkeit, 83, 105
Schleimbeutelentzündung, 75
Schmerzen, 26, 42, 71, 74, 87f,
92, 95ff, 119, 133ff, 159, 168, 178,
Schrecken, 52, 54, 106f, 168, 211,
Schüchternheit, 42
Schwangerschaft, 13, 115f
Schwellungen, 67ff, 71, 79, 86,
97f, 134, 163
Scleranthus, 43, 97, 213f
Selbstmord, 42, 215
sexuelle Ängste, 77
Spannung, 17, 19, 41, 54, 68, 77,
79, 169
Star of Bethlehem, 47, 53, 65,
Staupe, 151
stillen, 126
Stolz, 64, 185
streiten, 113
Streß, 52, 54, 69, 75, 77, 80, 82,
103, 105, 131
Suche nach Heilmitteln, 31
Sumpfwasserfeder, 45, 213

Temporomandibulargelenk,
68,80
Tiere, 11f, 14, 25, 69, 136ff, 150f,
163, 167f, 211
Tod, 11, 18, 34, 42, 70, 109, 122,
170, 191
Tranquillizer, 23f, 69, 81, 113
Trauer, 54, 64, 71, 81, 100, 127, 167

Ulme, 47
Unentschlossenheit, 37f, 205,
210, 213
Unfälle, 38, 54, 57, 68, 71, 74, 137,
Übelkeit, 69, 88, 97
Überempfindlichkeit gegen-
über Einflüssen und Ideen, 41

Vakzine, 29
Valium, 72, 100, 101
Verbrennungen, 56, 71
Vergewaltigung, 110
Veröffentlichungen, 225
Verstauchung, 56, 67, 71, 168
verwirrt, 109, 130
Verzweiflung, 41, 47, 54, 66, 100f,
214
Vitamine, 108, 131, 159
Vitis vinifera, 48
Vögel, 143, 149, 157, 160f, 210

Wald-Trespe, 43
Wallaby, 155, 156
Walnut, 46, 121f, 123
Walnuß, 46
Water violet, 213f
Wechseljahre, 46
Weeks, Nora, 33,34, 226
Wegwarte, 48, 213
Wehen, 72, 117f, 120f, 125ff,
Weide, 47
Weiße Kastanie, 44
Wheeler, 16, 29, 32, 40, 145, 147,
226
White Chestnut, 44
Wild Oat, 43
Wild Rose, 45
Willow, 47
Wirbelsäulenbeschw., 79
Wochenbett-Depression, 120,
127
Wunde, 48, 56, 82, 92f, 95ff, 125,
143, 145, 152, 159, 167
Wut, 42, 48, 64, 80

Zahnbehandlung, 79
Zorn, 36, 206
Zypresse, 165